NOUVEAU SPECTACLE

DE LA NATURE

ou

DIEU ET SES ŒUVRES

PAR MM.

VICTOR RENDU ET AMBROISE RENDU FILS

PARIS

LANGLOIS ET LECLERCQ

RUE DE LA HARPE, 81

LES

GRACES CHRÉTIE[N]

10 VOL. GRAND IN-18.

Sous la direction de Madame Fanny R[...]

Chaque volume est orné de deux vignettes et d'un tit[re]

* * *

La collection se compose des volumes s[uivants]

Clotilde ou le Baptême[...]

Augustin ou la Pénitenc[e]

Une Croisade ou l'Extrême O[...]

Rome chrétienne ou l'Ord[...]

Élisabeth ou le Mariag[e]

Les trois Pèlerins ou la [...]

L'Apôtre des Indes ou la Conf[...]

Marguerite ou l'Espéran[ce]

La Clémence de Robert ou l'[...]

Les Sauvages ou la Cha[...]

* * *

CHAQUE VOLUME SE VEND SÉ[PARÉMENT]

Paris. Imprimé par Béthune e[t ...]

§

NOUVEAU SPECTACLE

DE LA NATURE

ou

DIEU ET SES OEUVRES

9.

Imprimerie de Ch. Lahure (ancienne maison Crapelet)
rue de Vaugirard, 9; près l'Odéon.

Nouveau Spectacle

DE LA NATURE

OU

DIEU ET SES OEUVRES

PAR MM.

VICTOR RENDU ET AMBROISE RENDU FILS

Les œuvres du Seigneur sont grandes
Ps. 10 , vers. 2

✦

L'HOMME

✦

PARIS

LANGLOIS ET LECLERCQ

rue des Mathurins-Saint-Jacques, 10

HISTOIRE NATURELLE

DE L'HOMME.

CHAPITRE PRÉLIMINAIRE.

L'histoire naturelle présente à nos yeux le plus magnifique spectacle, puisque c'est celui des œuvres de Dieu. Le Créateur a placé l'homme au milieu d'une foule de merveilles, par lesquelles il se révèle à notre intelligence, à notre cœur; par lesquelles il veut exciter à la fois, dans sa créature, l'amour, la reconnaissance, l'admiration, la crainte; les unes sont les gages évidents d'une bonté suprême qui veille aux moindres besoins des êtres qui peuplent l'univers; les autres sont d'éclatantes manifestations de cette grandeur qui n'a pas de bornes, et s'étend à l'infini au-delà de ces espaces qui nous paraissent immenses, et qui pour elle ne sont rien; les autres enfin portent l'empreinte de cette irrésistible puissance qui d'un mot a formé les mondes, et d'un mot peut les faire rentrer dans le néant.

1.

Salut, principe et fin de toi-même et du monde !
Toi qui rends d'un regard l'immensité féconde,
· . . . . Dieu, Père, Créateur,
Sous tous ces noms divers, je crois en toi, Seigneur !
. . . .

Je lis au front des cieux un glorieux symbole.
L'étendue à nos yeux révèle ta grandeur,
La terre ta bonté, les astres ta splendeur.
Tu t'es produit toi-même en ton brillant ouvrage :
L'univers tout entier refléchit ton image,
Et mon âme, à son tour, réfléchit l'univers.
Ma pensée, embrassant tes attributs divers,
Partout autour de toi, te découvre et t'adore ;
Se contemple soi-même et t'y découvre encore,
Ainsi l'astre du jour éclate dans les cieux,
Se réfléchit dans l'onde, et se peint à nos yeux.

C'est peu de croire en toi, bonté, beauté suprême !
Je te cherche partout, j'aspire à toi, je t'aime !
Mon âme est un rayon de lumière et d'amour,
Qui du foyer divin détaché pour un jour,
De désirs dévorants loin de toi consumée,
Brule de remonter à sa source enflammée !
Je respire, je suis, je pense, j'aime en toi,
Ce monde qui te cache est transparent pour moi ;
C'est toi que je découvre au fond de la nature ;
C'est toi que je bénis dans toute créature.
Pour m'approcher de toi, j'ai fui dans les déserts.
Là, quand l'aube agitant son voile dans les airs
Entr'ouvre l'horizon qu'un jour naissant colore,
Et sème sur les monts les perles de l'aurore,
Pour moi, c'est ton regard, qui, du divin séjour,
S'entr'ouvre sur le monde et lui répand le jour.

Quand l'astre à son midi, suspendant sa carrière,
M'inonde de chaleur, de vie et de lumière,
Dans ces puissants rayons qui raniment nos sens;
Seigneur, c'est ta vertu, ton souffle que je sens;
Et quand la nuit, guidant son cortège d'étoiles,
Sur le monde endormi jette ses sombres voiles,
Seul, au sein du désert et de l'obscurité,
Méditant de la nuit la douce majesté,
Enveloppé de calme, et d'ombre, et de silence,
Mon âme de plus près adore ta présence,
D'un jour intérieur je me sens éclairer,
Et j'entends une voix qui me dit d'espérer (1).

Non! Cette grande œuvre du Tout - Puissant,
l'univers, n'est pas un tableau sans objet, une
scène inanimée, un ouvrage sans but. Il est un
être pour lequel il a été fait, un être qui comprend
son muet langage, qui s'en fait l'interprète, et
qui élève, au nom de la nature entière, l'hymne
de la reconnaissance et de l'amour; un être qui
sait adorer Dieu parce qu'il est grand, le bénir
parce qu'il est bon, le remercier parce qu'il le
comble de bienfaits; un être qui se distingue de
tous les êtres par son origine et par ses destinées,
par les facultés qui lui ont été données, par le
pouvoir dont il est revêtu. Écoutons le récit de la
création de l'homme. *Dieu dit ensuite : Faisons
l'homme à notre image et à notre ressemblance,
et qu'il domine sur les poissons de la mer, sur
les oiseaux du ciel, sur les bêtes domestiques,
sur toute la terre et sur tous les reptiles qui ram-*

(1) *Méditations poétiques* de Lamartine.

pent sur la terre. Dieu créa donc l'homme à son image..... et il lui dit : Remplissez la terre et vous l'assujettissez; dominez aussi sur les poissons de la mer, sur les oiseaux du ciel, et sur tout animal qui se meut sur la terre. Dieu dit encore : Je vous ai donné toutes les herbes qui portent leur graine sur la surface de toute la terre, et tous les arbres fruitiers pour vous servir de nourriture.

Ainsi parut dans le monde l'être privilégié que Dieu a mis à la tête de la création, être qui tient à la fois au monde des intelligences par son âme, au monde matériel par son corps. Ce corps, la partie la moins élevée, la moins noble de lui-même, est encore cependant un chef-d'œuvre de la puissance divine. Le Créateur s'est plu à réunir sur celui-ci, qu'il a pétri de ses mains, toute la perfection dont la matière est susceptible : la force, la beauté, la grâce, la noblesse. L'homme physique est le type dont se rapprochent plus ou moins les animaux, sans pouvoir jamais l'égaler ; aussi a-t-il été placé dans la théorie naturelle à la tête de la série animale. C'est sous le rapport physique que nous le considérons principalement dans cet ouvrage. Mais qu'on se garde bien, en étudiant le corps, d'oublier l'âme, en se préoccupant des organes, d'oublier l'esprit. Dans cet admirable composé de matière et d'intelligence, malheureux ceux qui ne voient qu'une machine plus ou moins parfaite, mais soumise à toutes les lois des substances matérielles ! Tout dans l'âme de l'homme prouve qu'il est fait pour de plus hautes destinées.

Si des savants et des hommes de génie ont parfois méconnu l'excellence de la nature de l'homme comparée à celle des animaux, beaucoup de génies aussi l'ont hautement avouée, l'ont victorieusement démontrée. Ecoutons, avant de commencer l'étude de la vie physique de l'homme, un des plus éloquents témoignages rendus à la dignité humaine, en même temps qu'une brillante introduction à l'histoire naturelle de notre espèce.

Le roi pour qui sont faits tous ces biens précieux,
L'homme élève un front noble et regarde les cieux.
Ce front, vaste théâtre où l'homme se déploie,
Est tantôt éclairé des rayons de la joie,
Tantôt enveloppé d'un chagrin ténébreux.
L'Amitié tendre et vive y fait briller ses feux,
Qu'en vain veut imiter, dans son zèle perfide,
La Trahison, qui suit l'Envie au teint livide.
Un mot y fait rougir la timide Pudeur;
Le Mépris y réside ainsi que la Candeur;
Le modeste Respect, l'impudente Colère,
La Crainte et la Pâleur sa compagne ordinaire,
Qui dans tous les périls funestes à nos jours,
Plus prompte que ma voix appelle du secours.
A me servir aussi cette voix empressée,
Loin de moi, quand je veux, va porter ma pensée.
Messagère de l'âme, interprète du cœur
De la société je lui dois la douceur.
Quelle foule d'objets l'œil réunit ensemble !
Que de rayons épars ce cercle étroit rassemble !
Tout s'y peint tour à tour : le mobile tableau
Frappe un nerf qui l'élève et le porte au cerveau.
D'innombrables filets, ciel ! quel tissu fragile :
Cependant ma mémoire en a fait son asile,

Et tient dans ce dépôt fidèle et précieux
Tout ce que m'ont transmis mon oreille et mes yeux.
Elle y peut à toute heure et remettre et reprendre ;
M'y garder mes trésors , exacte à me les rendre.
Là, ces esprits subtils, toujours prêts à partir,
Attendent le signal qui les doit avertir.
Mon âme les envoie , et, ministres dociles,
Je les sens répandus dans mes membres agiles.
A peine ai-je parlé , qu'ils sont accourus tous.
Invisibles sujets, quel chemin prenez-vous?
Mais qui donne à mon sang cette ardeur salutaire?
Sans mon ordre il nourrit ma chaleur nécessaire;
D'un mouvement égal il agite mon cœur,
Dans ce centre fécond il forme sa liqueur,
Il vient me réchauffer par sa rapide course;
Plus tranquille et plus froid il remonte à sa source,
Et toujours s'épuisant , se ranime toujours.
Les portes des canaux destinés à son cours
Ouvrent à son entrée une libre carrière ;
Prêtes, s'il reculait , d'opposer leur barrière.
Ce sang pur s'est formé d'un grossier aliment,
Changement que doit suivre un nouveau changement;
Il s'épaissit en chair; dans ma chair qu'il arrose
En ma propre substance il se métamorphose.
Est-ce moi qui préside au maintien de ces lois ,
Et pour les établir, ai-je donné ma voix ?
Je les connais à peine !... Une attentive adresse
Tous les jours m'en découvre et l'ordre et la sagesse.

. . . .

. . . .

Je pense. La pensée , éclatante lumière ,
Ne peut sortir du sein de l'épaisse matière ;
J'entrevois ma grandeur. Ce corps , lourd et grossier,

N'est donc pas tout mon bien, n'est pas moi tout entier;
Quand je pense, chargé de cet emploi sublime,
Plus noble que mon corps un autre être m'anime.
Je trouve donc qu'en moi, par d'admirables nœuds,
Deux êtres opposés sont réunis entr'eux :
De la chair et du sang le corps est l'assemblage.
L'âme regarde Dieu, son souffle, son image.
Ces deux êtres liés par des nœuds si secrets,
Séparent rarement leurs plus chers intérêts :
Leurs plaisirs sont communs aussi bien que leurs peines.
L'âme, guide du corps, doit en tenir les rênes;
Mais par des maux cruels quand le corps est troublé,
De l'âme quelquefois l'empire est ébranlé.
Dans un vaisseau brisé, sans voile, sans cordage,
Triste jouet des vents, victime de leur rage,
Le pilote effrayé, moins maître que les flots,
Veut faire entendre en vain sa voix aux matelots,
Et lui-même avec eux s'abandonne à l'orage;
Il périt; mais le nôtre est exempt du naufrage.
Comment périrait-il? Le coup fatal au corps
Divise ses liens, dérange ses ressorts;
Un être simple et pur n'a rien qui se divise,
Et sur l'âme la mort ne trouve pas de prise.

Qu'est-ce donc que l'instant où l'on cesse de vivre?
L'instant où de ses fers une âme se délivre.
Le corps né de la poudre, à la poudre est rendu,
L'esprit retourne au ciel dont il est descendu.

RACINE le fils, *Poëme de la Religion.*

PREMIÈRE PARTIE (1).

La vie de l'homme présente quatre périodes bien tranchées : l'enfance, la jeunesse, l'âge mûr, et la vieillesse ; chacune de ces époques a son caractère spécial.

Au moment de sa naissance, l'enfant passe d'un fluide dans un autre. Au lieu du fluide aqueux qui l'enveloppait dans le sein de sa mère, l'air l'environne et agit sur ses organes. Un changement remarquable s'opère dans la circulation de ce nouveau-né. L'odorat et le larynx reçoivent une impression sensible de l'air; les narines se débarrassent par une sorte d'éternuement de la substance muqueuse qui les remplissait, la poitrine se soulève et l'air pénètre jusque dans les poumons. Le sang qui parvient dans ces poumons se combine avec l'oxigène de l'air et, dès ce moment, il ne passe plus du ventricule droit du cœur dans le ventricule gauche, et ne recommence plus sa circulation, qu'il n'ait repris d'abord dans les poumons une force et des propriétés nouvelles, en s'imprégnant d'oxigène dans ces organes de la respiration.

(1) Cette première partie est extraite de l'article HOMME inséré dans le *Dictionnaire des sciences naturelles.*

Cependant tout est d'une grande mollesse chez l'enfant. Les os sont cartilagineux, les chairs gélatineuses et pénétrées d'une sorte d'humidité ; les glandes sont gonflées et pleines d'humeurs ; le tissu cellulaire est spongieux et rempli de lymphe ; la peau très fine et transparente laisse paraître une nuance de la couleur du sang; les nerfs sont gros, le cerveau dont ils émanent, est volumineux , comme pour annoncer toute la puissance que la pensée doit lui donner un jour. Une légère tunique voile les yeux encore ternes de l'enfant ; une mucosité plus ou moins abondante obstrue ses oreilles ; une humeur visqueuse recouvre les sinus pituitaires, principal siége de l'odorat ; la peau est trop peu tendue pour recevoir les sensations distinctes du toucher ; la langue et les autres portions de l'organe du goût, possèdent seules une sensibilité apparente , manifestée par cet instinct qui entraîne la bouche de l'enfant vers le sein de sa mère , et lui imprime les mouvements nécessaires pour le sucer.

En venant au monde, l'enfant a souvent de 45 à 45 centimètres de longueur et il pèse, déjà de 5 à 7 kilogrammes. L'impression nouvelle de l'air qui agit sur ses organes délicats, lui fait jeter quelques cris ; des glaires sortent de sa gorge, et c'est ordinairement dès le premier jour qu'il se débarrasse du *meconium*, matière noirâtre amassée dans ses intestins. Les qualités séreuses et laxatives du *colostrum* , ou premier lait de la mère qu'il ne doit cependant teter qu'au bout de dix ou douze heures , facilitent cette évacuation indispensable.

Le nouveau-né dort presque toujours , il paraît avoir besoin de beaucoup de repos. Ce n'est que

vers le quarantième jour qu'il donne des signes de
sensations d'un ordre plus élevé et qui permettent
de supposer que l'action de l'intelligence a commencé à se développer. A dater de cette époque,
il exprime le plaisir ou la peine par le rire ou les
larmes, premiers signes extérieurs des mouvements de son âme qui ne peuvent se manifester
d'une autre manière sur un visage dont plusieurs
parties, trop tendres, n'ont pas le ressort et la
mobilité nécessaires pour marquer les affections
intérieures. « Il paraît, dit Buffon, que la dou-
« leur que l'enfant ressent dans les premiers temps
« et qu'il exprime par des gémissements, n'est
« qu'une sensation corporelle, semblable à celle
« des animaux, qui gémissent aussi dès qu'ils sont
« nés, et que les sensations de l'âme ne commen-
« cent à se manifester qu'au bout de quarante
« jours, car le rire et les larmes sont des produits
« de deux sensations intérieures qui toutes deux
« dépendent de l'action de l'âme. La première est
« une émotion agréable qui ne peut naître qu'à la
« vue ou par le souvenir d'un objet connu, aimé
« et désiré; l'autre est un ébranlement dés-
« agréable, mêlé d'attendrissement et d'un retour
« sur nous-mêmes : toutes deux sont des passions
« qui supposent des connaissances, des comparai-
« sons et des réflexions. Aussi, le rire et les pleurs
« sont-ils des signes particuliers à l'espèce humaine
« pour exprimer le plaisir ou la douleur de l'âme,
« tandis que les cris, les mouvements et les autres
« signes des douleurs et des plaisirs du corps sont
« communs à l'homme et à la plupart des ani-
« maux. »

C'est par ces sourires si pleins de charmes pour le cœur d'une mère que l'enfant montre à celle qui le nourrit, qu'il la reconnaît, qu'il l'aime, qu'il la désire.

Ses yeux commencent bientôt à distinguer aussi les autres objets qui l'environnent. Cet exercice d'un sens qui se développe, doit lui être agréable, et parce qu'il agite l'organe de la vue sans le blesser, et parce qu'il remplit successivement la tête d'images variées qui lui plaisent et alimentent son intelligence. Voilà pourquoi il tourne sans cesse les yeux vers la partie la plus éclairée de l'endroit qu'il habite, et voilà pourquoi encore il faut avoir un si grand soin de le placer de manière que la lumière frappe également ses deux yeux ; car, sans cette précaution, un œil moins exercé que l'autre acquerrait moins de force, et Buffon a prouvé que le regard louche est la suite nécessaire d'une certaine inégalité dans la force des yeux.

Pendant les premiers mois de l'enfant, la mère ou la nourrice à qui elle a été obligée de céder le bonheur de l'allaiter, ne doit mêler au lait qu'elle lui donne aucun aliment étranger, surtout si l'enfant est faible et d'un tempérament délicat. C'est au médecin à indiquer quels aliments on peut ensuite associer au lait de la mère, et dans quelle proportion on peut successivement les ajouter à la nourriture la plus naturelle de l'enfance.

La nature a fixé en quelque sorte la durée de l'allaitement, en l'arrêtant à la première dentition, au moment où l'enfant reçoit les instruments nécessaires pour broyer convenablement quelques aliments solides.

Les dents placées sur le devant de la bouche, et qu'on nomme *incisives*, parce qu'elles sont propres à trancher et à couper, sont au nombre de huit, quatre en haut et quatre en bas. Leurs germes se développent quelquefois à sept mois, le plus souvent à huit, dix ou même douze mois; ce développement peut être cependant très prématuré.

Le germe de chaque dent est, au moment de la naissance, contenu dans une cavité ou dans un alvéole de l'os de la mâchoire, et la gencive le recouvre. A mesure que ce germe s'accroît, il s'étend par des racines vers le fond de l'alvéole, s'élève vers la gencive qu'il tend à soulever et à percer, et souvent écarte les parois osseuses d'un alvéole trop étroit : c'est comme un corps étranger qui s'agrandit au milieu de résistances puissantes. Une sorte de lutte est établie entre la force qui développe la dent et celles qui maintiennent les parois de la cavité; et voilà pourquoi au lieu d'un accroissement insensible, il se fait dans la mâchoire un effort violent, un écartement extraordinaire, une compression douloureuse, qui se manifestent par des cris, par des pleurs, et dont les effets peuvent être funestes. L'enfant perd sa gaîté; de là tristesse il passe à l'inquiétude; la gencive, d'abord rouge et gonflée, devient blanchâtre lorsque la pression intercepte le cours du sang dans les vaisseaux de cette gencive fortement tendue. Il ne cesse d'y porter le doigt, comme pour amortir sa douleur; il aime à la frotter avec des corps durs et polis pour calmer ainsi sa souffrance pendant quelques moments, et à diminuer la résistance de la membrane qui doit céder à l'extension de la dent. Mais si la nature des fibres dont la gencive est tissue donne à cette gencive trop de fermeté, si la membrane résiste trop longtemps, il survient une inflammation dont les suites ont été quelquefois mortelles, et qu'on a souvent guérie en coupant la la gencive au-dessus de la dent qui n'avait pu la percer.

Les dents œillères, qui sont au nombre de quatre, deux en haut et deux en bas, et qu'on a nommées *canines*, parce qu'on les a comparées aux dents crochues des chiens, paraissent ordinairement dans le dixième ou le onzième mois.

Quelque délicat que soit l'enfant, il est moins sensible au froid que l'homme adulte ou avancé en âge. La chaleur intérieure qui lui est propre doit être plus grande que celle de l'adulte, puisque les pulsations de ses artères sont plus fréquentes, et que, par conséquent, le cours de son sang est plus rapide.

L'expérience a constamment prouvé qu'à mesure que l'enfant s'éloigne de l'époque même de sa naissance, son accroissement se ralentit. Ordinairement, lorsqu'il vient à la lumière, il a le quart de la hauteur à laquelle il doit atteindre; il en a la moitié vers deux ans et demi, et les trois quarts vers la dixième année.

C'est généralement entre le dixième et le quinzième mois que les enfants commencent à bégayer; les voyelles, les consonnes, et, par conséquent, les syllabes et les mots qu'ils peuvent prononcer le plus facilement, sont les premiers qu'ils font entendre. « La voyelle qu'ils articulent le plus aisé-

« ment, » dit Buffon, « est l'*a*, parce qu'il ne faut
« pour cela qu'ouvrir les lèvres et pousser un son ;
« l'*e* suppose un petit mouvement de plus ; la langue
« se relève en haut en même temps que les lèvres
« s'ouvrent ; il en est de même de l'*i* ; la langue se
« relève encore plus, et s'approche des dents de la
« mâchoire supérieure ; l'*o* demande que la langue
« s'abaisse et que les lèvres se serrent ; il faut qu'elles
« s'allongent un peu et qu'elles se serrent encore
« plus pour prononcer l'*u*. Les premières consonnes
« que les enfants prononcent, sont aussi celles qui
« demandent le moins de mouvement dans les or-
« ganes ; le *b*, l'*m* et le *p* sont les plus aisées à ar-
« ticuler ; il ne faut, pour le *b* et le *p*, que joindre
« les deux lèvres et les ouvrir avec vitesse. L'ar-
« ticulation de toutes les autres consonnes suppose
« des mouvements plus compliqués que ceux-ci,
« et il y a un mouvement de la langue dans le *c*, le
« *d*, le *g*, l'*l*, l'*n*, le *q*, l'*r*, l's et le *t* ; il faut, pour
« articuler l'*f*, un son continué plus longtemps que
« pour les autres consonnes ; ainsi, de toutes les
« voyelles, l'*a* est la plus aisée, et de toutes les con-
« sonnes, le *b*, le *p* et l'*m* sont aussi les plus faciles
« à articuler. Il n'es donc pas étonnant que les
« premiers mots que les enfants prononcent soient
« composés de cette voyelle et de ces consonnes, et
« l'on doit cesser d'être surpris de ce que, dans
« toutes les langues et chez tous les peuples, les
« enfants commencent toujours par bégayer *baba*,
« *mama, papa*. Ces mots ne sont, pour ainsi dire,
« que les sons les plus naturels à l'homme, parce
« qu'ils sont les plus aisés à articuler ; les lettres
« qui les composent, ou plutôt les caractères qui

« les représentent, doivent exister chez tous les
« peuples qui ont l'écriture ou d'autres signes pour
« représenter les sons. On doit seulement observer
« que les sons de quelques consonnes étant à peu
« près semblables (comme celui du *b* et du *p*, ce-
« lui du *c* et de l's, ou du *k* et du *c* dans certains
« cas, celui du *d* et du *t*, celui de l'*f* et du *v* con-
« sonne, celui du *g* et du *j* consonne ou du *y* et du
« *k*, celui de l'*l* et de l'*r*), il doit y avoir beaucoup
« de langues où ces différentes consonnes ne se
« trouvent pas; mais il y aura toujours un *b* ou un
« *p*, un *c* ou un *s*, un *d* ou un *t*, un *f* ou
« un *v*, un *g* ou un *j*, un *l* ou un *r*, et il ne
« peut guère y avoir moins de six ou sept con-
« sonnes dans le plus petit de tous les alphabets,
« parce que ces six ou sept tons ne supposent pas
« des mouvements bien compliqués, et qu'ils sont
« tous très sensiblement différents entre eux. Les
« enfants qui n'articulent pas aisément l'*r*, y sub-
« stituent l'*l*; au lieu du *t*, ils articulent le *d*,
« parce que, en effet, ces premières lettres sup-
« posent dans les organes des mouvements plus
« difficiles que les dernières, et c'est de cette dif-
« férence, et du choix des consonnes plus ou moins
« difficiles à exprimer, que vient la douceur ou la
« dureté d'une langue. »

Au reste, ce n'est guère que vers la troisième
année que les enfants prononcent distinctement,
répètent ce qu'on leur dit, et commencent à parler avec facilité. Ceux qui voient qu'ils sont l'objet
de l'attention la plus constante, dont on épie tous
les signes, dont le jeu de la physionomie est rendu
plus mobile par une intelligence précoce, dont les

attitudes sont plus variées, et qui n'ont besoin que
de quelques gestes pour faire comprendre leurs
désirs, parlent ordinairement plus tard que les
autres. On dirait qu'ils ne veulent pas se donner
une peine inutile, et employer, pour se faire entendre, des mots qu'ils remplacent si facilement
par des signes.

Quoi qu'il en soit, il faut, en général, se presser
peu de donner à un enfant l'instruction qu'on est
bien aise de le voir acquérir. Il faut ménager des
organes encore faibles, ne pas imprimer trop de
mouvement à des ressorts trop tendres, ne pas
exiger une attention trop soutenue d'une intelligence qui a besoin, plus qu'on ne le croit, pour se
développer convenablement, de s'exercer sur plusieurs sujets, et de passer avec rapidité d'une considération à une autre, ne pas contraindre une mobilité d'esprit aussi nécessaire à l'enfance que celle
du corps, et craindre pour son élève le sort de tant
de petits prodiges qui n'ont été, après leur adolescence ou leur jeunesse, que des hommes très
ordinaires.

Vers la fin de l'éducation physique à laquelle on
doit associer, avec tant de sollicitude, l'éducation
morale, un nouveau développement s'opère dans
les organes qui servent à la nutrition de l'enfant.
Vers la sixième ou septième année, ses forces
augmentent; les premières dents incisives, qu'on
nomme *dents de lait*, parce qu'elles paraissent
avant la fin de l'allaitement, tombent, et sont
remplacées par d'autres incisives plus larges, plus
solides et plus enracinées. Les quatre œillères et la
première mâchelière de chaque côté, en haut et

en bas, sont aussi remplacées par d'autres dents analogues, et ainsi seize dents antérieures sont renouvelées à cette époque que plusieurs causes peuvent cependant retarder.

La chute de ces seize dents antérieures est produite par le développement d'un second germe placé au fond de l'alvéole, et qui, en croissant, les soulève, les pousse et les fait sortir de leur cavité. Ce germe manque aux autres douze mâchelières qui, par conséquent, ne tombent que par accident, et dont la perte ne peut être réparée que dans des circonstances rares.

On peut voir encore une mâchelière aux extrémités de chacune des deux mâchoires, mais ces dents manquent à plusieurs personnes, et le plus souvent aux femmes; leur développement n'a lieu qu'à un âge déjà avancé, aussi les nomme-t-on *dents de sagesse*.

La vie de l'enfant est fort chancelante pendant les premières années. Plusieurs essais de statistique sur la mortalité du genre humain ont donné des résultats qui varient suivant les contrées, mais qui prouvent tous combien les causes de destruction agissent puissamment sur les jeunes enfants. Dans plusieurs pays, d'un certain nombre d'enfants nés en même temps, il en est mort la moitié dans les trois ou quatre premières années. En France, il faut au moins sept ou huit ans pour que la moitié des enfants nés à la même époque ait disparu.

Parmi les causes de mortalité des enfants et même des adultes, on devait autrefois placer en tête la terrible maladie connue sous le nom de *petite vérole.* Heureusement que l'*inoculation* d'abord, puis d'une manière bien autrement certaine, l'admirable découverte de la *vaccine*, sont venues atténuer considérablement, sinon faire disparaître les effets de ce redoutable fléau. Maintenant la petite vérole emporte parmi nous beaucoup moins d'enfants que la plupart des autres maladies : il est très rare qu'elle se développe avec un caractère grave chez les individus vaccinés; et celui qui a eu recours à ce bienfaisant spécifique est à peu près assuré contre ces cicatrices qui défiguraient jadis tant de visages. Comment concevoir après cela la négligence d'un grand nombre de parents, qu'on a tant de peine encore à déterminer, dans les campagnes, à munir leurs enfants d'un préservatif à la fois si simple et si efficace ?

La seconde époque de la vie est l'adolescence : c'est alors que le corps achève de se former et de prendre son entier développement. Cette époque, dans nos contrées, commence vers quatorze ans pour les garçons, et douze ans pour les filles : mais elle subit l'action de toutes les causes qui peuvent influer sur la santé et la vigueur du corps. Ainsi elle est plus ou moins avancée suivant la température, suivant la complexion des races, le tempérament des individus, la quantité et la nature des aliments, le développement des facultés morales, l'action de la pensée sur les nerfs, et celle des nerfs sur la force et l'accroissement des organes.

On a remarqué une différence de sept ou huit ans entre l'âge où les Finlandais arrivent à l'adolescence, et celui où les jeunes gens de l'Inde, de la Perse, de l'Arabie atteignent la même époque de la vie. On observe en général, dans tous les pays et sous toutes les latitudes, que les tempéraments sanguins, plus vifs, plus animés, plus abondants en forces vitales, accélèrent le commencement de l'adolescence.

Cette période est également celle d'un grand progrès intellectuel et moral ; l'éducation, si nécessaire dans le premier âge, a peut-être dans l'adolescence une importance plus grande encore. C'est alors que l'esprit du jeune homme et de la jeune fille doit s'enrichir de la plus grande partie des connaissances qui leur serviront dans tout le reste de leur vie. C'est alors que chacun, en dehors des préoccupations qui doivent assaillir l'âge mûr, augmente ses forces, prépare ses provisions et ses ressources pour être ensuite capable d'aborder et de vaincre les difficultés, les peines, les épreuves de la vie sociale. Bien aveugles sont ceux qui, rebelles aux conseils, aux leçons de leurs parents et de leurs maîtres, dépensent ces précieuses années en dissipations stériles, au lieu de les rendre fécondes pour l'avenir ! Que de regrets inutiles, que de douleurs, que de désolantes déceptions ils se préparent !

Toutefois il faut souvent modérer le travail intellectuel, à cause de la fatigue physique que produit le développement des organes. L'adolescent grandit souvent tout d'un coup ; son tissu cellulaire, moins vivifié qu'auparavant, s'affaisse, le bas-ventre s'aplatit, les formes des muscles sont plus prononcées, la poitrine s'élargit, la respiration devient plus étendue, une quantité d'oxigène plus grande ou plus souvent renouvelée donne au sang une chaleur plus forte qui se communique à tous les organes ; la peau se colore et se couvre de poils. Les muscles de l'organe de la voix sont modifiés de manière à rendre les sons plus graves, et à les faire baisser ordinairement d'une octave. Les bras et les jambes s'allongent et se fortifient ; la démarche s'affermit ; les organes des sens extérieurs s'étendent, se développent, deviennent plus sensibles aux impressions des objets ; le sommeil diminue, et les facultés de l'esprit acquièrent une vivacité nouvelle.

Il est des jeunes gens qui ne grandissent plus après la quinzième année ; d'autres croissent jusqu'à vingt-deux ou vingt-trois ans. Pendant cet intervalle, la plupart ont le corps mince, la taille allongée, les muscles grêles, les cuisses et les jambes menues. Peu à peu les chairs augmentent, les vides se remplissent, les membres s'arrondissent, les contours des muscles se prononcent, et, avant l'âge de trente ans, l'homme est entièrement développé, et toutes ses proportions sont établies.

Les femmes, dont les muscles et les divers organes sont moins compactes, moins solides que ceux des hommes, arrivent aussi beaucoup plus tôt au terme de leur entier accroissement. C'est ordinairement à l'âge de vingt ans qu'elles parviennent au développement parfait de leurs formes sveltes et adoucies. Dieu a donné à chacun des sexes son caractère spécial, ses prérogatives particulières : à l'homme, la force et la puissance ; à la femme, la beauté et la grâce ; à tous deux les insignes de cette royauté qu'ils exercent sur le globe.

« Tout annonce dans les deux sexes, » dit le

grand peintre de la nature, « les maîtres de la terre :
« Tout marque dans l'homme, même à l'extérieur,
« sa supériorité sur tous les êtres vivants ; il se
« soutient droit et élevé ; son attitude est celle du
« commandement ; sa tête regarde le ciel et pré-
« sente une face auguste, sur laquelle est imprimé
« le caractère de sa dignité ; l'image de l'âme y
« est peinte par la physionomie ; l'excellence de
« sa nature perce à travers les organes matériels,
« et anime d'un feu divin les traits de son visage ;
« son port majestueux, sa démarche ferme et har-
« die annoncent sa noblesse et son rang ; il ne
« touche à la terre que par ses extrémités les plus
« éloignées ; il ne la voit que de loin, et semble
« la dédaigner ; les bras ne lui sont pas donnés
« pour servir de piliers, d'appui, à la masse de son
« corps ; sa main ne doit pas fouler la terre, et
« perdre par des frottements réitérés la finesse du
« toucher dont elle est l'organe ; le bras et la main
« sont faits pour servir à des usages plus nobles,
« pour exécuter les ordres de sa volonté, pour sai-
« sir les choses éloignées, pour écarter les obsta-
« cles, pour prévenir les rencontres et le choc de
« ce qui pourrait nuire, pour embrasser et retenir
« ce qui peut plaire, et le mettre à la portée des
« autres sens. »

De tous les traits de cette face auguste, les yeux
sont celui qui concourt le plus à cette physionomie
si expressive, à ce tableau si rapide, où les agita-
tions les plus secrètes de l'âme se peignent, même
souvent indépendamment de la volonté, avec tant
de précision, de vivacité et de force : l'œil serait
seul le miroir de l'âme. Ses nerfs optiques ayant

les rapports les plus intimes avec le cerveau proprement dit, on dirait que l'œil est le véritable organe extérieur de l'intelligence. Il exprime les passions les plus vives, les sentiments les plus violents et les nuances les plus délicates des affections les plus douces. C'est dans les yeux qu'on cherche à lire les pensées les plus cachées, les émotions les plus intimes ; ils sont, le plus souvent, les signes les moins trompeurs de la sensibilité, de l'esprit, de l'élévation du génie : on leur demande en quelque sorte la garantie des plus saintes promesses.

Les yeux de l'homme sont dirigés en avant ; il ne voit pas des deux côtés en même temps, comme un grand nombre de quadrupèdes. Mais si sa vue s'étend sur un champ moins vaste, ce champ n'est pas divisé ; l'homme l'embrasse tout entier par une seule intuition : il y a moins de trouble, plus d'unité et de certitude dans les résultats de la vision, et les comparaisons plus exactes qu'il peut établir entre les actions des deux yeux, lui donnent des notions plus précises des formes et des distances, des impressions plus propres à servir l'intelligence et à la féconder.

Au reste, remarquons que l'on ne trouve pas, dans l'organe de la vue chez l'homme, un muscle particulier, bulbeux et suspenseur de l'œil, que l'on observe dans plusieurs animaux, et dont l'absence indiquerait seule que l'homme n'est pas organisé pour brouter l'herbe des champs, et avoir presque toujours sa tête rabaissée, et les yeux inclinés vers la terre.

Ces yeux, destinés à regarder le ciel et de

grandes portions de la surface du globe, sont de différentes nuances dans leur iris. Ces couleurs sont l'orangé, le jaune, le vert, le bleu, le gris, le gris mêlé de blanc : elles sont plus foncées sur les filets qui, dans l'iris, se dirigent vers la prunelle comme des rayons vers un centre, et sur les espèces de flocons que l'on voit entre les filets, que sur les ramifications très déliées qui réunissent les filets et les flocons. Cependant les couleurs les plus ordinaires de l'œil, ou plutôt de l'iris, sont, dans les zônes tempérées, l'orangé et le bleu. Les iris que l'on croit noirs, ne sont que d'un orangé foncé, ou d'un jaune mêlé de brun, et ils ne paraissent entièrement noirs que par l'opposition de leurs nuances avec le blanc de la cornée.

On voit très souvent, dans le même iris, des nuances d'orangé, de jaune, de gris et de bleu ; mais alors c'est presque toujours le bleu qui domine, en régnant sur toute l'étendue des filets.

Les yeux que l'on trouve les plus beaux sont ceux dont les iris paraissent noirs ou bleus. Les yeux noirs ont plus de force et d'expression, ils brillent d'un éclat plus égal ; mais il y a plus de douceur et de finesse dans les bleus, parce qu'ils montrent plus de reflets variés et plus de jeu dans leur lumière.

Les sourcils ajoutent à la vivacité de l'œil par le contraste de leur couleur, et par les mouvements dont ils sont susceptibles, et qui donnent à la physionomie un caractère si prononcé : les muscles du front peuvent les élever ou les froncer, et les abaisser en les rapprochant l'un de l'autre.

Les paupières garantissent les yeux ; la supérieure se relève et s'abaisse. Le sommeil les ferme malgré la volonté, en relâchant les muscles destinés à les ouvrir, et ce voile qu'il étend le rend encore plus profond en empêchant une vive lumière de pénétrer dans l'œil, d'agir sur le nerf optique, et de provoquer ainsi le réveil et l'activité.

Les cils qui garnissent les deux paupières, non seulement en augmentent les effets salutaires, mais font paraître les yeux plus beaux et rendent le regard plus doux.

Après les yeux, c'est peut-être le front qui contribue le plus à la beauté du visage, s'il n'est ni trop rond, ni trop étroit, ni trop court. Les cheveux qui l'entourent et l'embellissent sont plus longs et plus touffus dans la jeunesse qu'à toute autre époque de la vie : ils tombent peu à peu. Ceux qui garnissent la partie la plus élevée de la tête tombent les premiers, et la laissent souvent toute nue ; à mesure qu'on avance en âge, ou par l'effet de grandes maladies et de violents chagrins, ils se dessèchent, blanchissent par la pointe, deviennent ensuite blancs dans toute leur longueur, et se cassent aisément.

Quoique le nez soit la portion la plus avancée et le trait le plus apparent du visage, on ne le remarque que lorsqu'il est difforme, très grand ou presque nul. N'étant susceptible que de mouvements peu sensibles, il contribue à la beauté sans influer sur la physionomie, le véritable objet de notre attention, parce qu'elle est le signe de tout ce qui peut nous rebuter ou nous plaire.

Il n'en est pas de même de la bouche : l'œil

est entraîné par une sorte de charme vers ces lèvres vermeilles, relevées par la blancheur de l'émail des dents, mollement remuées pour peindre les plus faibles nuances des plus douces affections, ou vivement agitées pour exprimer les sentiments les plus violents, et qui, recevant une sorte de vie particulière de la voix dont elles complètent l'organe, indiquent et font distinguer par leurs inflexions et leurs divers mouvements tous les sons de la parole.

La mâchoire inférieure, la seule mobile, a souvent un mouvement involontaire, non seulement dans les instants où l'âme s'abandonne à une passion très vive, mais encore dans ceux où l'ennui en émousse, pour ainsi dire, toutes les facultés, et la réduit à cette sorte d'inaction et de langueur qui se manifeste par des bâillements plus ou moins lents et plus ou moins prolongés.

Un désir ardent ou un vif regret, éprouvés subitement, soulèvent les poumons et occasionnent une inspiration vive et prompte qui forme le soupir. Si ce désir ou ce regret ne cessent point, les soupirs se renouvellent, la tristesse s'empare de l'âme, les yeux se gonflent, une humeur surabondante les couvre et les obscurcit, les larmes coulent : des inspirations plus fortes et plus rapprochées remplacent les soupirs par des sanglots qui, mêlés à des sons plaintifs, se changent bientôt en gémissements exprimés souvent avec assez de force pour devenir des cris.

A ces tristes signes de la douleur du corps et de celle de l'âme, succèdent ceux du contentement et de la joie. Pendant le son entrecoupé que

3.

l'on appelle ris, le ventre s'élève et s'abaisse précipitamment ; les coins de la bouche se rapprochent des joues qui se gonflent et se resserrent, et des éclats de voix se succèdent. Si ce ris devient immodéré, les lèvres sont très ouvertes , mais s'il se change en un simple souris, les coins de la bouche se rapprochent , sans qu'elle s'ouvre , des joues qui se gonflent, et il suffit qu'alors la lèvre inférieure se replie et se presse contre celle de dessus pour que cette expression de la bienveillance et de la satisfaction devienne le signe de la malignité , de l'ironie et du mépris.

Un instant de réflexion suffit pour arrêter ou changer les mouvements du visage ; mais la volonté n'a aucun empire sur la rougeur qui dénote la honte , la colère, l'orgueil ou la joie , ni sur la pâleur qui accompagne la crainte , l'effroi ou la tristesse. La couleur passagère du visage dépend d'un mouvement du sang produit malgré nous par le système nerveux , organe de nos sentiments intérieurs.

Les parties de la tête qui influent le moins sur la physionomie, sont les oreilles; placées à côté de la face , et souvent cachées par les cheveux , elles n'ont ordinairement que de bien faibles mouvements volontaires ou involontaires ; chez différents peuples , on y suspend des boucles, des anneaux ou des pierres précieuses.

La poitrine est plus large dans l'homme que dans les quadrupèdes ; les mamelles, toujours au nombre de deux , y sont situées.

Les mains de l'homme sont d'autant plus adroites et lui donnent un toucher d'autant plus parfait, que

tous les doigts, excepté l'annulaire, sont très mobiles, indépendamment les uns des autres, ce que
l'on ne voit dans aucun mammifère, pas même dans
les singes. D'ailleurs le pouce est plus long à proportion que dans ces mêmes singes, cependant si
adroits.

Les bras, auxquels tiennent ces mains, sont attachés à de larges omoplates et maintenus par de
fortes clavicules ; et voilà pourquoi l'homme peut
porter de si grands fardeaux sur ses épaules.

Ces bras et ces mains concourent beaucoup par
la gesticulation, à l'expression des différentes affections de l'âme. Dans la joie ils sont agités par
des mouvements rapides et variés ; ils sont pen-
dants dans la tristesse. On les élève vers le ciel
dans les vœux, la prière et l'espérance qui la suit.
On les ouvre ou on les étend pour recevoir, embrasser et saisir les objets désirés ; on les avance
avec précipitation comme pour repousser ce qui
nous inspire de la crainte, de la haine ou de
l'horreur.

Le pied de l'homme est très différent de celui
des singes, qui est une véritable main. La jambe
porte perpendiculairement sur cette base. Le talon,
renflé par-dessous, augmente la largeur de la base
et la sûreté de la station. Les doigts, assez courts,
ne peuvent presque pas se plier ; le pouce, plus
long et plus gros que les autres, ne peut pas leur
être opposé pour saisir les objets. Le pied ne peut
donc ni prendre ni retenir, il ne peut que supporter le corps. L'homme est le seul qui ait en
même temps deux véritables pieds et deux véritables mains, et dans son organisation tout démontre

que sa station naturelle est la station verticale. Les muscles qui étendent la jambe et la cuisse, et les retiennent dans l'état d'extension, sont plus grands, plus forts, et produisent ce volume du mollet et cette grosseur des cuisses qu'on ne voit pas dans les autres mammifères. Les muscles fléchisseurs de la jambe sont attachés assez haut pour ne pas empêcher l'extension complète du genou. Le bassin, plus large, écarte les cuisses, les jambes et les pieds, et donne au corps proprement dit une base plus étendue et plus propre à maintenir l'équilibre. La conformation des femmes donne encore plus d'écartement aux jambes et aux pieds, et plus de largeur à la base du corps. Lorsque le jeune homme, en jouant, veut marcher sur ses mains et sur ses pieds, il éprouve beaucoup de peine, ses pieds courts et peu flexibles, et ses cuisses très longues, le contraignent à rapprocher ses genoux de la terre ; ses épaules écartées et ses bras trop séparés soutiennent faiblement le devant de son corps.

La tête de l'homme est plus pesante à proportion que celle des quadrupèdes, non seulement à cause de l'extension du cerveau, mais encore parce que les cavités des os sont plus petites ; il n'a, pour la soutenir, ni ligament cervical, ni vertèbres conformées de manière à le retenir et à l'empêcher de se fléchir en avant ; et voilà pourquoi celui qui essaie de marcher sur ses quatre extrémités, a beaucoup de peine à maintenir sa tête même dans la ligne de l'épine du dos; ses yeux sont dirigés vers la terre, et il ne peut voir devant lui.

De plus, les artères qui vont au cerveau, ne se

divisant pas comme dans plusieurs quadrupèdes,

FIGURE 1.

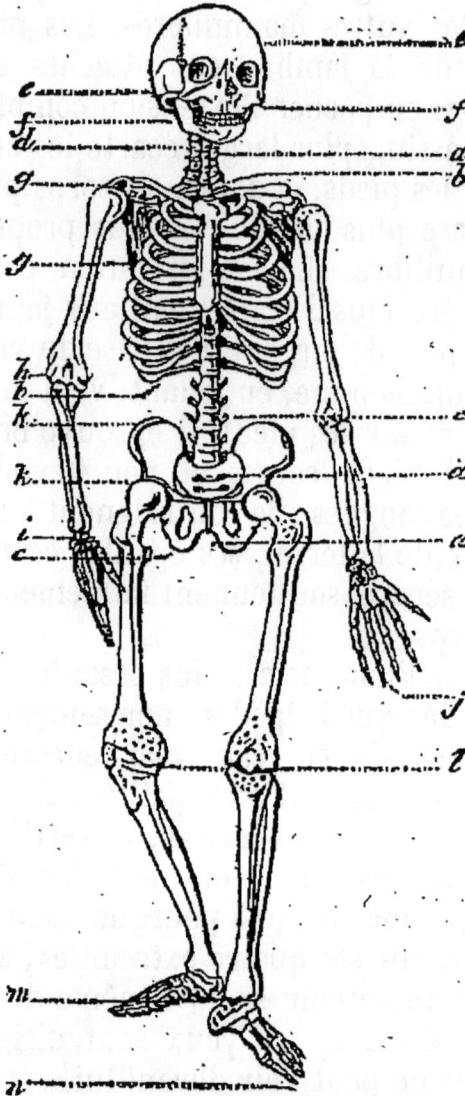

le sang s'y porterait avec tant d'affluence pendant les mouvements exécutés dans une position horizontale, que l'engorgement du cerveau et l'apoplexie en seraient souvent le résultat.

Par une suite de la situation verticale de l'homme, le cœur n'est pas posé sur le sternum, comme dans les quadrupèdes vivipares, mais il s'appuie sur le diaphragme, et comme ce diaphragme est un des centres d'action du système nerveux, les nerfs de l'homme doivent participer davantage des mouvements du cœur, les modifier avec plus de force; cette double influence expliquerait seule la nature et la vivacité de la sensibilité humaine.

Chez l'homme, la circulation du sang est double. Les artères portent le sang du cœur aux extrémités, les veines le rapportent des extrémités au cœur. Ce phénomène a lieu de la manière suivante : l'oreillette gauche étant pleine de sang se contracte et le fait passer dans le ventricule gauche, qui, stimulé par la même cause, subit une contraction semblable et le pousse dans les artères. Parvenu à leurs extrémités, le sang qui, sur son passage, s'est dépouillé de ses particules nutritives, a perdu sa couleur; de rouge et vermeil qu'il était, il devient noirâtre; les veines alors le reprennent pour le conduire dans l'oreillette droite; mais avant son entrée dans cette partie du cœur, le chyle se mêle à lui. De l'oreillette droite le sang passe dans le ventricule droit, dont les contractions le chassent dans l'artère pulmonaire. Celle-ci le répand dans les cellules du poumon, où il est mis en contact avec l'air extérieur; il en absorbe l'oxigène, et le sang veineux devient sang artériel :

ainsi vivifié, les veines le rapportent à l'oreillette gauche, d'où il est parti dans le principe.

FIGURE 2,

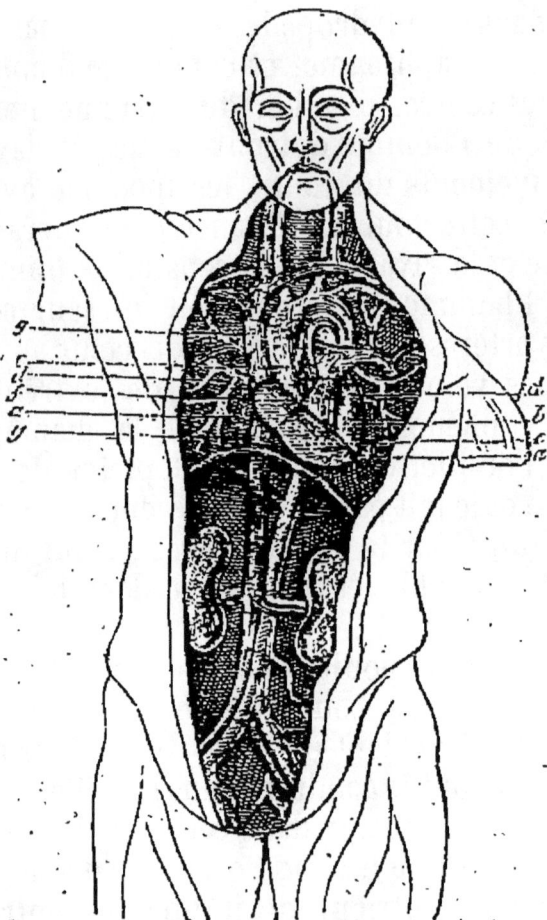

La respiration s'effectue ainsi qu'il suit : l'air ,

après avoir séjourné quelque temps dans la poitrine, éprouve une modification ; une partie du
gaz oxigène dont il se compose se trouve absorbée
par la respiration, et est remplacée par une portion d'acide carbonique ; ainsi, cet air est altéré et
doit être expulsé de la poitrine pour faire place à
une nouvelle quantité d'air atmosphérique. Les

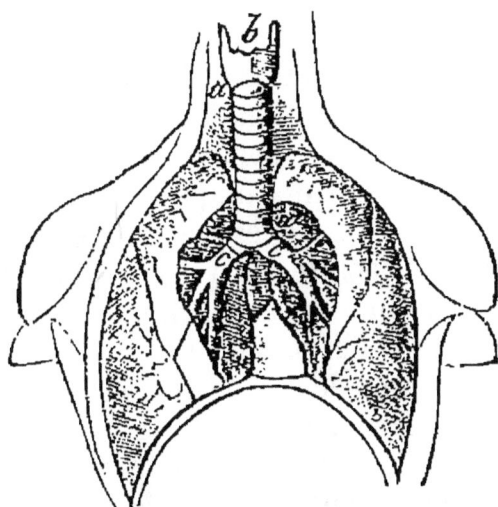

poumons sont les agents de la respiration ; ils sont
formés de deux grandes masses cellulaires com-
pressibles, soumises à l'action des gaz et logées
dans les parties gauche et droite du thorax.
Chacune des masses pulmonaires aboutit à un
seul tuyau appelé bronche (c, c) ; les deux bronches s'unissent dans un conduit cartilagineux,

nommé trachée-artère (a), qui s'ouvre dans le gosier au-dessous des fosses nasales (b) ; à l'extrémité
supérieure de la trachée-artère se trouve le principal organe de la voix ou le larynx. L'air qui y
pénètre fait vibrer des espèces de cordes tendues
dans son intérieur : la langue et les lèvres articulent les sons. Lorsque la poitrine se dilate, l'air
extérieur se précipite par son élasticité dans les
masses cellulaires ; il en sort lorsqu'elle se contracte : ce mécanisme constitue l'*inspiration* et
l'*expiration*.

L'estomac, les intestins, ce qu'on appelle le
tube alimentaire ou digestif de l'homme, ont dans
leur conformation beaucoup de rapports avec
ceux des animaux carnassiers et avec ceux des
herbivores. Pouvant, d'après cette organisation,
se nourrir de substances animales comme de végétaux, quelle facilité de plus a l'homme pour se
soustraire à l'influence des climats et vivre dans les
pays les plus différents les uns des autres !

Le mécanisme de la digestion est très compliqué.
La main transmet les aliments à la bouche, qui
leur fait subir une première préparation à l'aide
des mâchoires dont l'inférieure seule est mobile.
Ils sont broyés ou mâchés ; les glandes parotides et
maxillaires les imbibent de salive et préparent leur
dissolution ; la langue alors les ramène de toutes
les parties de la bouche, en forme une masse dite
bol alimentaire, et la rejetant en arrière, la pousse
dans le pharynx ou gosier. Le pharynx est le commencement du canal alimentaire ; la contraction
des muscles qui forment ses parois, chasse bientôt
les aliments dans l'œsophage ; celui-ci les transme

4

à l'estomac après avoir traversé le diaphragme
pour pénétrer dans le bas-ventre. L'estomac, placé
dans l'hypocondre gauche, présente l'aspect d'une
cornemuse. La liqueur qu'il produit imprègne les
aliments et les réduit en une pâte homogène gri-
sâtre, que l'on désigne sous le nom de chyme. Son
orifice d'entrée est appelé cardia ; celui de sortie,
pylore. Ce dernier est garni extérieurement d'une
valvule qui se dilate pour laisser passer les substances chymifiées, et se contracte aussitôt que des
matières non réduites se présentent pour franchir
l'estomac.

A partir de l'estomac, le tube digestif prend le
nom d'intestins et remplit de ses circonvolutions la
plus grande partie du bas - ventre : on le distingue en intestin grêle et gros intestin. L'intestin
grêle n'offre aucun renflement dans son étendue ;
sa longueur égale cinq ou six fois celle du tronc. Il
se subdivise en duodénum, jéjunum et iléon. Au
duodénum viennent aboutir des conduits qui lui
amènent certains fluides produits par le foie et le
pancréas. Le foie sécrète la bile, et le pancréas une
humeur analogue à la salive. Lors de son passage
dans le duodénum, le chyme se trouve humecté
par ces liqueurs, qui en séparent les matières nutritives et facilitent leur absorption. La pâte chy-
meuse poussée ensuite lentement à travers le reste
de l'intestin grêle par les contractions successives
de cet organe, se trouve bientôt débarrassée du
chyle, son principe nutritif, par les vaisseaux
absorbants. Le gros intestin forme la dernière partie du tube digestif; il se partage en cœcum, colon
et rectum : celui-ci se rend directement à l'anus.

Une fois dans le gros intestin, la masse alimentaire, dépouillée du chyle, prend le nom de fèces;

FIGURE 4.

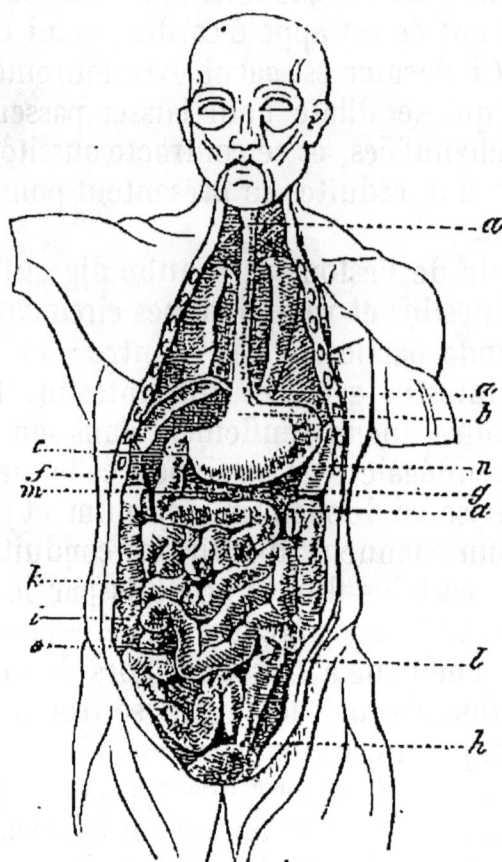

plus elle approche du rectum, plus elle devient nauséabonde; parvenue, enfin, à cette dernière limite, elle s'y accumule en telle quantité, que le corps éprouve le besoin d'en être soulagé : la digestion est alors terminée.

Que si, pour continuer de montrer les caractères distinctifs de l'homme, pour avoir une idée moins incomplète de son organisation intérieure, nous portons les yeux sur cette charpente osseuse qui soutient, maintient et défend les organes de sa circulation, de sa nutrition, de ses mouvements et de ses sensations, nous compterons trente-deux vertèbres dans sa colonne épinière, sept vertèbres cervicales, douze dorsales, cinq lombaires, cinq sacrées et trois coccygiennes : leurs noms indiquent leur position particulière.

Douze côtes de chaque côté défendent la poitrine ; des douze paires qu'elles forment, les sept supérieures, auxquelles le nom de *véritables côtes* a été donné, s'attachent au sternum, qu'elles maintiennent et fortifient par des portions cartilagineuses ; les cinq paires suivantes sont nommées *fausses côtes*.

Huit os composent la boîte osseuse qui renferme le cerveau : l'occipito-basilaire, qui est à la base de la tête ou à l'occiput, deux temporaux, deux pariétaux qui les surmontent, le frontal, l'ethmoïde et le sphénoïdal.

La face en présente quatorze : deux maxillaires supérieures, dont chacun est réuni à un os jugal par une arcade appelée *zygomatique* ; deux palatins, situés en arrière du palais, deux naseaux, deux cornets du nez, un vomer qui sépare les narines, un lacrymal au côté interne de l'orbite de chaque œil, et l'os unique qui compose la mâchoire inférieure.

Au bout de l'arète saillante qui relève et conso-
lide l'omoplate , on voit *l'acromion*, espèce de

FIGURE 5.

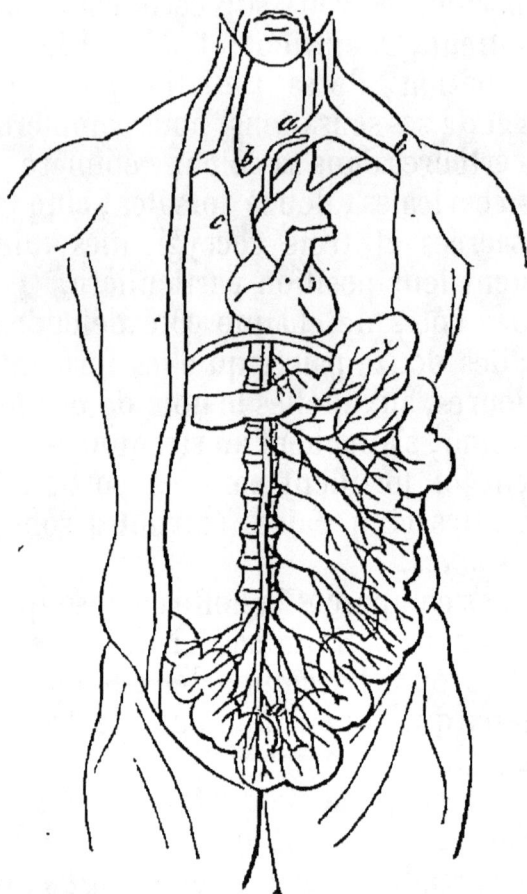

tubérosité osseuse à laquelle s'attache la clavicule ,
et au-dessous de son articulation on remarque une
pointe appelée *bec coracoïde*.

4.

Dans l'avant-bras, le *radius* s'articule avec l'*humerus*, ou l'os unique du bras proprement dit, de manière à pouvoir tourner autour du *cubitus*. Le *carpe* a huit os disposés sur deux rangs, chacun de quatre pièces : on n'en compte que sept au *tarse*.

Lorsque toute la charpente osseuse et tous les organes de l'homme sont entièrement développés, lorsqu'il a acquis toute la grandeur à laquelle il doit atteindre, il est rare que sa hauteur surpasse deux mètres ou soit au-dessous de seize décimètres : cette hauteur ne varie donc communément que dans le rapport de quatre à cinq. Les femmes, en général, ont un décimètre de moins que les hommes.

Mais dans les différentes parties de cette grandeur moyenne qui présente à peu près dix-sept ou dix-huit décimètres, quelles sont les proportions que le sentiment et le gout ont fait regarder comme les plus belles par les peuples qui ont porté l'art de la statuaire au plus haut degré?

On divise la hauteur totale en dix parties égales auxquelles les artistes ont donné le nom de *faces*, parce que la face humaine a été leur module. Chacune de ces faces a été ensuite partagée en trois. La première partie de la première face ou le trentième de la hauteur totale, commence à la naissance des cheveux et finit à celle du nez; le nez fait la seconde partie de la face, et la troisième s'étend depuis le dessous du nez jusques au-dessous du menton.

On compte un tiers de face depuis la naissance des cheveux jusques au sommet de la tête, et, par conséquent, depuis le sommet de la tête jusques au-dessous du menton il doit y avoir une face et un tiers ou quatre trentièmes de la hauteur totale.

On veut deux tiers de face entre la fossette des clavicules et le dessous du menton ; d'où il résulte que, depuis cette fossette jusques au sommet de la tête, on doit trouver deux faces ou le cinquième de la hauteur totale.

La troisième face va depuis la fossette des clavicules jusques au-dessous des mamelles ; la quatrième depuis les mamelles jusques au nombril ; et la cinquième depuis le nombril jusqu'à la bifurcation du tronc, où finit la première moitié de la hauteur totale.

Il doit y avoir deux faces dans la longueur de la cuisse, une demi-face dans celle du genou ; deux faces dans la longueur de la jambe au coude-pied ; et une demi-face, comprise entre celui-ci et la plante du pied, complète les dix faces de hauteur.

Pour les hommes d'une taille très haute, on ajoute une demi-face entre les mamelles et la bifurcation du tronc, de manière que la moitié de la hauteur totale se trouve alors un quart de face au-dessus de cette bifurcation.

La distance entre les extrémités des deux plus grands doigts, lorsque les bras et les mains sont étendus sur une ligne horizontale, doit être égale à la hauteur totale du corps. On demande une face depuis la fossette de la clavicule jusques à l'articulation du bras, deux entre cette articulation et le coude, et deux depuis le coude jusques à la naissance du petit doigt. La main a une face de longueur, le pouce un tiers de face, et le dessous du pied un sixième de la hauteur totale. C'est cette dernière proportion d'un à six qui donne à la station de l'homme l'équilibre et la stabilité nécessaires.

Dans l'enfance, les parties supérieures du corps sont plus longues à proportion qu'après l'adolescence. Dans les femmes, la partie antérieure de la poitrine est plus élevée, et il y a plus de largeur dans les os des hanches, ainsi que dans les autres os qui s'y réunissent pour former la capacité du bassin.

Quelque faible et quelque délicat que paraisse l'homme lorsqu'on le compare à un grand nombre de mammifères, il est peut-être aussi fort ou plus fort, à proportion de son volume, que les animaux les plus vigoureux, au moins si l'on ne confond pas avec la force réelle de ces animaux les effets des dents, des griffes, des cornes et des autres armes que la nature leur a données : on sait qu'il peut se charger de fardeaux énormes.

La femme a bien moins de force, de même que la nature lui a donné une taille moins haute. Elle a d'ailleurs, et, par exemple, dans la race européenne, la tête petite, des cheveux longs, fins et flexibles, des traits délicats ; des yeux brillants de vivacité, et cependant le regard très doux ; la peau très blanche, satinée, et, pour ainsi dire, transparente ; la voix haute, douce, argentine, mélodieuse, les mouvements souples, la démarche légère ; tout en elle annonce le rôle qu'elle est appelée à jouer en ce monde, où elle ne devra

chercher d'influence que par la modestie et par
la douceur.

Mais si , au lieu d'examiner ces attributs extérieurs de l'homme et de la femme , nous voulons
juger des facultés que la nature leur a départies ,
pénétrer jusqu'à cette émanation, pour ainsi dire
céleste , qui leur a été accordée , jusqu'à ce caractère auguste et à cette merveilleuse intelligence qui
les a faits rois de la terre , et que nous portions
nos regards sur l'organisation du cerveau, que l'on

FIGURE 6.

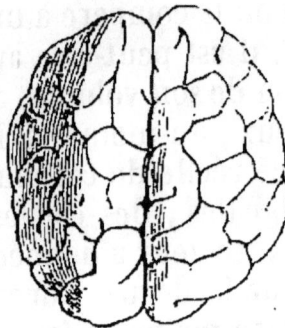

Le cerveau vu en dessus.

a considéré comme le principal siége de cette intelligence, nous verrons que non seulement le
cerveau de l'homme est plus grand à proportion
que celui des mammifères les plus favorisés , mais
encore qu'il est remarquable par les replis de
ses hémisphères. La partie postérieure de ce cerveau , organisé ainsi de manière à recevoir et à

produire un plus grand nombre d'effets plus variés, s'étend en arrière, de manière à recouvrir
le cervelet. Son volume est d'ailleurs beaucoup
plus grand, à proportion du volume des nerfs qui
en sortent, que dans les mammifères; et ainsi
l'organe où aboutissent toutes les sensations, où
arrivent les impressions extérieures, où se font
sentir les ébranlements intérieurs, où ces ébran-

FIGURE 7.

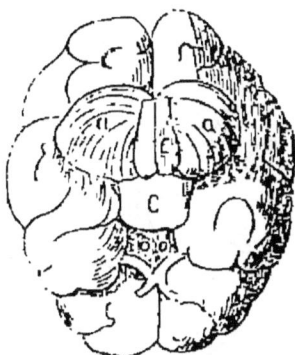

Le cerveau vu en dessous

lements, ces impressions, ces sensations doivent
être distingués par l'attention, comparés par la
réflexion, retenus par la mémoire, présente dans
ses dimensions relatives, comme dans ses dimensions absolues et dans sa composition, une nouvelle supériorité.

C'est par cinq organes différents que les impressions des objets extérieurs parviennent à ce cer-

veau si favorablement étendu et composé. C'est
dans ces organes que résident les sens extérieurs,
la vue, l'ouïe, l'odorat, le goût et le toucher.
Pour comparer convenablement la force de ces
sens avec celle des sens des animaux et particulièrement des mammifères, il ne faut pas prendre pour objet de son examen l'homme tel que la
société le présente, tel qu'il a été modifié dans

FIGURE 8.

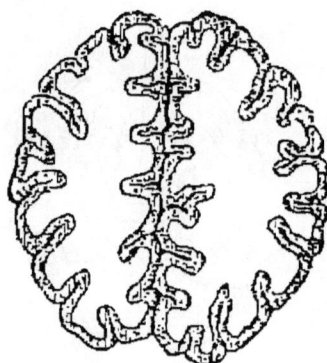

Le cerveau coupé.

presque tous ses attributs par les résultats de ses
diverses associations, il faut considérer les sens
de l'homme encore très rapproché de l'état sauvage, et que les usages, les arts et les ressources
de la civilisation n'ont pas dispensé d'exercer ses
organes dans toutes leurs facultés. Nous trouvons
des hommes encore à demi sauvages dans les bois,
les savanes, les steppes, les déserts de plusieurs

contrées, et particulièrement des deux Amériques. Quelle énorme différence entre la distance immense à laquelle le demi-sauvage voit et distingue les objets qu'il recherche, et la distance si courte à laquelle l'Européen, par exemple, peut reconnaître les objets avec lesquels il est le plus familiarisé ! L'éloignement qui empêche l'Européen d'entendre des sons déterminés, est aussi bien inférieur à celui qui n'empêche pas le demi-sauvage de reconnaître ces mêmes sons, et l'on ne peut douter que l'odorat de ce dernier ne soit aussi très supérieur, par son intensité et sa portée, à celui de l'homme civilisé. Mais ce que la vue, l'ouïe et l'odorat ont perdu en portée et en intensité pour l'homme de la société, est compensé, au moins en grande partie, par ce qu'ils ont gagné en délicatesse. Ces nuances si fines des formes et des couleurs que les personnes familiarisées avec les chefs-d'œuvre de la peinture remarquent si facilement dans un tableau, cette variété pour ainsi dire infinie de tons et d'expressions qu'une oreille exercée distingue dans un morceau de musique, quelle que soit la rapidité de l'exécution, échapperaient presque toutes au demi-sauvage, puisqu'elles ne peuvent être saisies par les habitants mêmes des contrées civilisées que leurs habitudes ont rendus étrangers aux beaux-arts.

On peut faire des rapprochements analogues, relativement à l'odorat et au goût, qui n'est, en quelque sorte, qu'une extension de l'odorat.

Quant au toucher, il a gagné par la civilisation. La justesse primitive de son organe dépendant en grande partie de la flexibilité des doigts, et de la nudité de la peau, qui n'est recouverte, par aucune écaille, par aucune substance dure et insensible, elle s'est augmentée par l'exercice de ces doigts et par la plus grande souplesse d'une peau devenue plus fine et plus délicate. Et combien ce perfectionnement d'un sens dont les sensations rectifient les impressions des autres sens, a contribué aux progrès de l'esprit et au développement des facultés de l'âme ! tant est grande l'influence qu'exercent l'une sur l'autre les deux substances dont l'homme est composé, l'âme et le corps. La première, simple, immatérielle, immortelle, se manifeste à nous par la pensée, et cette pensée, qui est notre véritable existence, notre existence intime, libre, indépendante, illimitée, et par laquelle l'âme s'unit à tous les objets qui lui plaisent, se diversifie et se modifie en trois facultés principales : la mémoire, l'imagination, le jugement et le raisonnement. Ces facultés se développent presque toujours dans l'ordre où nous venons de les nommer. Pendant l'enfance, c'est la mémoire qui est la plus exercée, et voilà pourquoi, dans un système d'instruction bien combiné, il faut présenter à l'enfant le plus d'objets possibles, et l'occuper du plus grand nombre de faits qu'on puisse offrir à son attention. C'est dans l'adolescence que la force des sens et la vivacité du sentiment allument dans l'âme le feu de l'imagination ; et c'est dans l'âge mûr que l'âme, plus exercée à comparer, a, dans toute sa plénitude, la faculté de juger et de connaître.

D'après la puissance de l'âme sur le corps, et l'action qu'exerce sur l'âme la substance matérielle de notre être, il n'est pas surprenant que, lorsque l'âme se livre à une méditation profonde, le cerveau, fortement exercé, éprouve une sorte de tension particulière et spasmodique, une activité supérieure et, pour ainsi dire exclusive, pendant laquelle les autres organes suspendent une partie de leurs mouvements. Les sens s'émoussent momentanément; l'œil cesse de voir, l'oreille cesse d'entendre; les communications des objets extérieurs avec l'âme sont interrompues. Cet isolement de l'âme, cet état de contemplation, cette considération unique de quelques objets que sa mémoire lui retrace, porte le nom d'extase, et serait une folie des plus funestes, si l'âme trop faible ne pouvait faire cesser cette extase, maîtriser ses opérations, commander au cerveau, rendre aux sens toute leur action, et rétablir entre tous les organes les communications ordinaires.

Mais, avant que l'intelligence ait acquis son empire, ou lorsque l'âme n'use pas de sa volonté, quelle est la nature de cette force qu'on a nommée instinct, qui entraîne les lèvres de l'enfant nouveau-né vers la mamelle qui doit le nourrir, et qui imprime à l'homme tant de mouvements imprévus ou involontaires! Ici la raison se perd en conjectures; toutefois, l'expérience nous apprend que l'instinct est d'autant plus faible chez l'homme que son intelligence est plus grande.

C'est cette intelligence qui, réunie au sentiment, a produit toutes les langues. Mais il ne faut pas croire que la Providence ait donné à l'homme tout à faire, et qu'elle lui ait laissé la tâche si difficile, pour ne pas dire impossible, de trouver les premiers rudiments d'un art sans lequel il ne peut y

avoir de société sur la terre, l'art de la parole.
Les animaux entre eux ont besoin d'un langage, le
Créateur l'apprend à chacun d'eux, sans qu'il ait
besoin de recevoir aucune leçon. Le jeune oiseau
élevé loin de ses parents, chantera comme eux
quand son gosier aura acquis le développement
nécessaire. Il n'en est pas ainsi de l'enfant. Celui
qui, par de malheureuses circonstances qui se sont
rencontrées quelquefois, est séparé de ses semblables à un âge encore tendre, ne sait faire entendre que des sons informes, des cris inarticulés.
Bien plus, on a vu des enfants isolés de l'espèce
humaine à une époque de la vie où déjà ils avaient
appris à parler, perdre entièrement cette science
acquise. D'ailleurs, ne sait-on pas que la plupart
des sourds-muets, n'ont aucun vice dans les organes du langage, et ne sont muets que parce que
leur surdité les a empêchés d'entendre aucun son.
Chaque enfant a indispensablement besoin du secours de l'éducation pour apprendre à parler. Il
en a été de même de l'espèce humaine à son origine. Le premier homme et la première femme,
comme cela résulte du récit des livres saints, ont
reçu de Dieu une langue toute faite, qu'ils ont ap-
prise à leurs descendants.

Des philosophes, qui, tout en admettant l'existence de Dieu, semblent toujours craindre de reconnaître l'action de sa providence sur le monde
qu'il a créé, ont soutenu que le genre humain ne
devait qu'à lui-même cet art merveilleux de la
parole. On a dit que primitivement les hommes
ne communiquaient entre eux que par le moyen
des signes; que plus tard, leurs relations devenant

plus nombreuses et plus compliquées, ils avaient
cherché dans les sons, que leur langue diversement agitée avait produits par hasard, un moyen
de se transmettre leurs idées, que ces sons, inarticulés d'abord, s'étaient peu à peu régularisés,
avaient produit une langue très-pauvre à l'origine,
et lentement complétée à mesure que les besoins
intellectuels et sociaux augmentaient. Les tradi-
tions de l'humanité se réunissent au raisonnement
pour renverser ce système. Les plus anciens monuments que l'on ait du langage humain, la Genèse
et les poésies d'Homère, révèlent l'un et l'autre
des langues parfaitement formées, et qui n'ont
rien à envier à celles qui les ont suivies pendant
de longs siècles. La formation du langage dans l'espèce humaine, avec les tâtonnements indéfinis
qu'elle supposerait, serait un mystère bien plus
difficile à concevoir, que celui qu'on veut repousser, malgré l'autorité du livre que Dieu a inspiré
lui-même : l'invention du langage, comme dit
Rousseau, supposerait elle-même le langage.
C'est ainsi que l'orgueilleuse raison humaine, pour
échapper à la nécessité de reconnaître l'intervention d'une intelligence supérieure, ne fait que se
jeter dans les plus insoutenables hypothèses, dans
les systèmes les plus dénués de fondement. Chose
étrange ! quand il s'agit du monde extérieur, nul
ne fait difficulté de reconnaître partout l'action de
cette puissance qui conserve avec tant de sollicitude et d'amour les êtres qu'elle a produits ; s'agit-
il de l'espèce humaine, il en est tout autrement.
On admet vaguement l'idée d'un être créateur ;
mais on s'efforce d'effacer partout l'empreinte de la

main divine. Dans tout ce qui a rapport aux facultés de l'homme, on veut qu'il ait tout fait, tout créé, qu'il ne doive rien qu'à lui-même. On dirait que la reconnaissance est un bien pesant fardeau pour le cœur humain, puisque l'on va jusqu'à s'obstiner à nier l'existence des bienfaits dont on profite tous les jours, sans lesquels on ne vivrait pas, ou du moins on ne traînerait ici bas qu'une misérable existence. Gardons-nous de cette honteuse ingratitude de l'orgueil humain, qui ne cherche après tout qu'à diminuer ses devoirs, et bien loin de prétendre reléguer Dieu loin de ce monde, où rien n'est que par lui, accoutumons-nous à le regarder toujours comme un père, auquel nous ne devons cesser de porter l'hommage de notre reconnaissance et de notre amour.

A mesure que les idées se fécondent et se multiplient, la diversité des objets de la pensée, de leurs modifications; de leur action, de leur sujétion et de leurs manières d'être ou d'agir, considérées dans le passé, le présent et le futur, exige de nouveaux termes. La mémoire cependant pourrait se refuser à les retenir. On en augmente le nombre que le moins possible ; on les lie par des analogies, afin qu'on se les rappelle plus aisément. On fait plus, on emploie les mots déjà connus, et on se contente de marquer successivement par des syllabes ajoutées au commencement ou à la fin de ces mots avec lesquels on est déjà familier, les temps, les nuances et les conditions du passé et de l'avenir, les rapports des objets ou des *substantifs* qui les représentent, avec les qualités qu'ils peuvent offrir, ou avec les *adjectifs* qui désignent ces qualités,

5.

les nuances de l'action de ces objets ou de celles dont ils sont les sujets.

Par cet admirable procédé, on peut réserver les mots nouveaux qu'on est obligé de créer, pour marquer plus fortement les diverses liaisons des idées. Toutes les pensées, tous leurs degrés, tous leurs rapports, sont exprimés dans un ordre déterminé; les règles sont établies; les diverses syntaxes existent : le génie des langues particulières se montre comme le résultat de toutes les circonstances qui ont pu influer sur les sentiments, les idées, la mémoire, l'imagination et la réflexion de chaque peuple, qui, en faisant passer avec plus ou moins de lenteur le langage par tous les degrés de l'accroissement, l'a, suivant ses besoins, étendu, enrichi et régularisé.

Ce langage si varié, si précieux des sons articulés, n'exclut pas absolument l'emploi d'un autre langage, seule ressource des malheureux que quelque défaut d'organisation a privés de la parole, le langage des gestes et des signes. Chacun sait avec quelle adresse les sourds-muets, au moyen de signes habilement combinés, parviennent à se communiquer tous leurs sentiments, toutes leurs pensées. Ce qui pour eux est d'une indispensable nécessité, est pour les autres hommes un secours utile, qui vient ajouter au langage parlé une vivacité, une énergie toute nouvelle. Ce serait une grande erreur que de croire que le geste et les signes ne soient employés habituellement que chez les peuples dont la langue pauvre et stérile manque à la pensée. En Europe, les peuples méridionaux, dont les langues sont aussi riches qu'harmonieuses, accompagnent leurs paroles des gestes et des signes les plus expressifs. On sait à quel degré l'art de la pantomime a été porté parmi eux.

A mesure que le langage, sous l'influence du sentiment et de la pensée, se forme et se perfectionne, nos idées deviennent plus précises, plus claires, plus fortes. Nous les examinons avec plus de facilité, parce que nous les comparons en quelque sorte dans leurs signes qui en sont des copies nettement circonscrites. Nous conservons plus longtemps les résultats de ces comparaisons, parce que nous en mettons aisément les signes en réserve dans notre mémoire ; et par cette transposition des copies à la place des images des objets tracés dans notre entendement, nous opérons sur nos idées avec le même avantage que celui que les algébristes retirent des lettres de l'alphabet substituées momentanément aux quantités dont ils veulent trouver les rapports.

D'ailleurs, au moyen du langage, la pensée d'un individu se féconde par celle de tous les individus auxquels le langage la communique. Elle ne revient à celui qui l'a émise, que combinée avec toutes les pensées plus ou moins analogues qu'elle a trouvées, pour ainsi dire, dans l'intelligence de tous ceux à qui le langage l'a adressée. Quelle grande et mutuelle influence ! quel accroissement de toutes les facultés de l'esprit !

Le sentiment s'anime aussi par la communication que le langage établit avec tous ceux qui peuvent en être l'objet, et par la vive réaction de l'affection relative qu'il fait naître avec d'autant plus de force qu'il est exprimé par un langage bien différent d'une simple pantomime, et propre à montrer toute sa nature, tous ses degrés, toute sa violence, dans le passé, dans le présent et dans l'avenir.

Mais par une trop grande extension de tous les effets, leur résultat peut devenir bien funeste. Les facultés de l'âme peuvent s'exalter et agir assez fortement sur les organes trop faibles ou altérés dans leur conformation, pour déranger le siége des idées, troubler l'entendement, interrompre la mémoire, détruire les images des rapports réels qui lient les objets, y substituer de fausses analogies, abandonner l'esprit à toutes les illusions, à toutes les chimères, et produire les visions, les manies, les aberrations, la démence, la folie et toutes les maladies mentales qui dégradent l'intelligence de l'homme au-dessous de l'instinct de la brute.

Et qu'il s'en faut que ce revers déplorable, cet abaissement, cette chute terrible, soient les seuls maux auxquels l'homme est condamné! Non seulement il n'est pas à l'abri des maux physiques qui pèsent sur les animaux, mais encore il est accablé d'une foule de maladies qui lui sont particulières. La douleur lui fait payer cher ses superbes prérogatives. Tristes preuves de sa déchéance originelle!

Indépendamment de ces dangers qui se renouvellent si souvent et auxquels l'homme a tant de peine à échapper, il porte en lui-même le principe de sa destruction. Non seulement les objets avec lesquels il communique l'attaquent à l'extérieur, mais encore il est sans cesse soumis à une altération plus ou moins lente ou plus ou moins rapide. Il partage le sort de tous les êtres organisés, et, pour être à la tête de tous ces êtres vivants, il n'en subit pas moins leur condition commune. On peut dire en quelque sorte qu'aucun corps organisé n'est un seul instant stationnaire ; la force vitale qui l'anime, commence à l'user dès le moment où elle cesse de s'accroître. La vie peut être représentée par une courbe qui monte et descend, et dont le sommet n'est qu'un point indivisible. Dès que l'homme est arrivé à ce point de perfection, il commence à déchoir. La force interne qui a développé tous ses organes commence à agir contre elle-même. Il se passe souvent plusieurs années avant que le dépérissement soit sensible ; mais le changement n'en est pas moins commencé, mais l'homme n'en est pas moins sur la pente du chemin de la vie.

Le corps ayant acquis toute son étendue en hauteur et en largeur, augmente en épaisseur, la seule dimension vers laquelle puissent se porter les forces nutritives qui ont atteint les limites des deux premières. Le premier degré de cette augmentation est aussi la première nuance de son dépérissement, parce que cette nouvelle action des substances nutritives n'augmente l'activité d'aucun organe et ne fait qu'ajouter au corps, par l'accumulation d'une matière surabondante, un volume et un poids inutiles et bientôt dangereux. Cette substance superflue forme la graisse qui remplit les cavités du tissu cellulaire. Le corps a moins de légèreté ; les facultés physiques diminuent ; les membres, devenus plus lourds, n'exé-

cutent plus que des mouvements moins parfaits.
Les sucs nourriciers, continuant d'arriver dans les
os qui ont pris toute leur extension en longueur
et en largeur, ne servent plus qu'à augmenter la
masse de ces parties solides. Les membranes deviennent cartilagineuses, les cartilages s'ossifient,
les fibres se durcissent, les vaisseaux s'obstruent,
la peau se dessèche, les rides se forment, les cheveux blanchissent, les dents tombent, les mâchoires se rapprochent, les yeux s'enfoncent, le
visage se déforme, le dos se courbe, et le corps
s'incline vers la terre qui doit le recevoir dans
son sein.

Cette dégradation s'opère par une longue suite
de nuances presque innombrables, et par conséquent très faibles; son cours est quelquefois sus-
pendu par d'heureuses circonstances, par les secours de l'art et par les conseils plus sûrs d'une
sagesse prévoyante. Mais cette interruption a son
terme, et la dégradation continue bientôt avec plus
ou moins de régularité. Souvent on la remarque
dès l'âge de quarante ans; ses degrés sont assez lents
jusqu'à soixante; sa marche devient ensuite plus rapide. La caducité commence souvent vers soixante-
dix ans, la décrépitude la suit : le corps s'affaisse,
les forces des muscles ne sont plus proportionnées
les unes aux autres, la tête chancelle, la main
tremble, les jambes plient sous le poids qu'elles
doivent supporter, les nerfs perdent leur sensibilité, les sens s'affaiblissent, toutes les parties se
resserrent, la circulation des fluides est gênée, la
transpiration diminue, les sécrétions s'altèrent, la
digestion se ralentit, les sucs nourriciers sont moins

abondants ; les portions du corps devenues trop solides, ne reçoivent plus ces sucs réparateurs; elles cessent de se nourrir et de vivre ; le corps meurt par parties, le mouvement diminue, la vie va s'éteindre, et ordinairement la mort termine cette longue et triste vieillesse avant l'âge de cent ans.

Alors l'âme immortelle se dégage des liens du corps, et est jugée selon ses œuvres.

L'espèce humaine est seule de son genre, et provient tout entière des deux seuls individus que Dieu ait créés primitivement, mais on remarque, dans les individus qui la composent, des conformations particulières et héréditaires, produit de causes générales et constantes, et qui constituent des races distinctes et permanentes. La nature de l'air, de la terre et des eaux, celle du sol et des productions qu'il fait naître, l'élévation du territoire au-dessus des mers, le nombre, la hauteur et la disposition des montagnes, la régularité ou les variations de la température, l'intensité et la durée du froid ou de la chaleur, sont les causes puissantes et durables qui ont créé, pour ainsi dire, les grandes races dont se compose l'espèce humaine. On en compte plusieurs, mais trois se distinguent par des caractères bien tranchés; ces trois sont : l'arabe et européenne ou la caucasique; la race mongole, et la race nègre ou l'éthiopique.

C'est sur de hautes montagnes ou de grands plateaux élevés, qu'il faut chercher l'origine ou les plus anciens établissements de ces trois races principales. Après la dispersion des hommes, les grandes élévations voisines des rives occidentales de la mer Caspienne, et dont le Caucase fait partie, ont été les premiers asiles de la race arabe européenne ; les monts Atlaï ont dû être la première habitation de la race mongole ; c'est au pied des grandes montagues africaines que s'est d'abord fixée, à diverses époques, la race éthiopique.

Dans la race européenne ou caucasique, le vi-

FIGURE 9.

Race europeenne.

sage est ovale, le nez proéminent ; l'angle nomme facial, et qui, mesurant par son ouverture le rapport de la saillie du front et de la grandeur du

crâne avec celle des mâchoires, semble marquer
le degré de supériorité de l'intelligence sur les ap-

FIGURE 10.

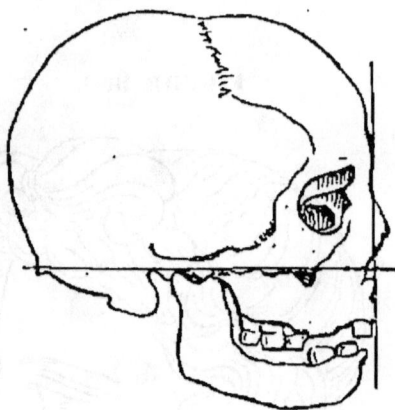

Angle facial de la race européenne.

pétits grossiers, est de près de quatre-vingt-dix
degrés : il se rapproche le plus de celui que les plus
habiles sculpteurs de l'antiquité ont donné à la
beauté parfaite et aux images de la majesté divine.

La race mongole présente un visage plat, un nez
petit, un angle facial moins ouvert que celui de la
race caucasique ; des pommettes saillantes, des
yeux étroits et placés obliquement. Enfin les caractères distinctifs de la race éthiopique sont : un crâne
comprimé, un nez écrasé, un angle facial plus petit
encore que celui des Mongols, des mâchoires très
saillantes et des lèvres très grosses.

6

Vers le midi du Caucase s'est répandue une grande variété de la première race. L'on doit com-

FIGURE 11.

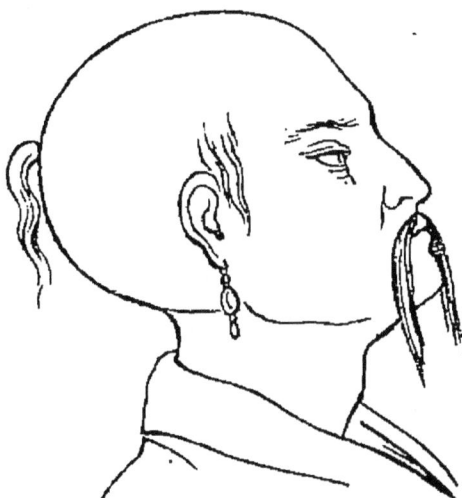

Race mongole.

prendre dans cette grande variété les Assyriens, les Chaldéens, les Arabes, les Phéniciens, les Juifs, les Abyssiniens, une grande partie des anciens Egyptiens et des habitants de l'Afrique septentrionale.

Quatre autres variétés appartiennent à la race caucasique : celles des Indiens, des Scythes, des Celtes et des Pélasges; il faut rapporter les anciens Perses à celle des Indiens.

Celle des Scythes, établie au nord et à l'est de la mer Caspienne, vagabonde, à plusieurs époques,

dans les steppes et les immenses plaines du centre,
du nord et même du nord-est de l'Asie, comprend

FIGURE 12.

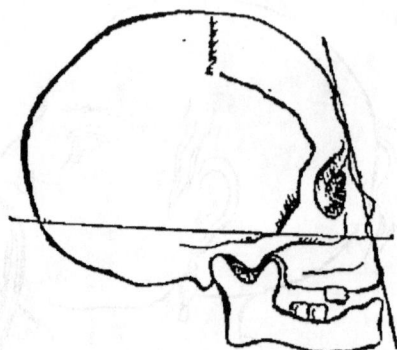

Angle facial de la race mongole.

une grande partie des Tartares, des Turcs, et peut-
être les Finlandais et les Hongrois. Les anciens Par-
thes en étaient un rameau.

Les Celtes se sont divisés en Germains, en Tu-
desques, en Esclavons et en habitants primitifs de
la grande et petite Hespérie, des Gaules et des îles
Britanniques.

Des Germains sont dérivés les Scandinaves, les
Allemands, les Goths orientaux ou occidentaux ; et
des Esclavons, sont venus une grande partie des
Russes, des Polonais, des Bohémiens et des Vendes.

Les Grecs et les nouveaux habitants de l'Italie
sont issus des Pélasges.

Et voilà pourquoi on a trouvé tant de rapports
remarquables entre le sanscrit, langue mère de

FIGURE 13.

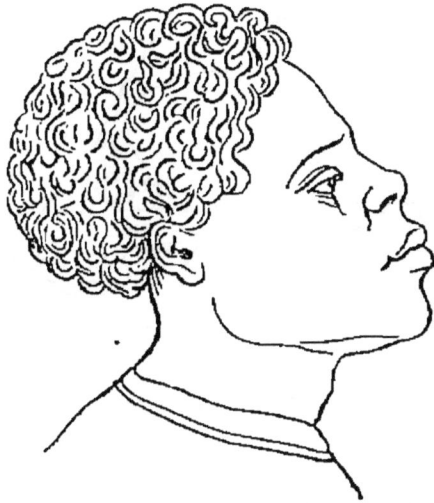

Race nègre.

celles de l'hindostan, le tudesque, origine de l'al-
lemand, du hollandais, de l'anglais, du danois et
du suédois; l'esclavon, d'où dérivent le russe, le
polonais et le bohémien; et l'ancienne langue pé-
lasgique, qui a produit le grec, le latin, le fran-
çais, l'espagnol et l'italien.

Vers le nord, le nord-est et l'orient de l'Asie
habite la race mongole.

Dans cette race asiatique nous voyons les Tartares ou Mongols proprement dits, les Kalmouks,

les Kalkas, les Eleuths, les Mantchoux et plusieurs
autres peuples réunis en hordes errantes, vivant

FIGURE 14.

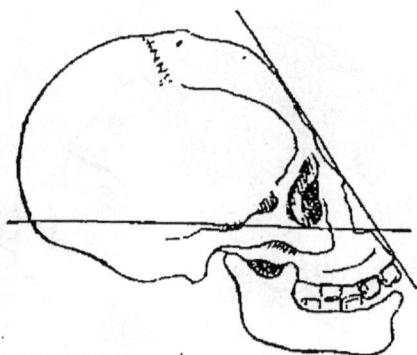

Angle facial de la race nègre.

sous des tentes, parcourant à cheval de vastes contrées, traînant dans leurs chariots leurs vieillards,
leurs femmes, leurs enfants, tout ce qui leur appartient; courageux, entreprenants, audacieux,
redoutables par les invasions que leur genre de
vie rend si fréquentes et si soudaines; dévastateurs
terribles sous les Gengis et les Tamerlan, conqué-
rants de vastes empires, et particulièrement de la
Chine où les Mantchoux règnent encore.

A la même race des Tartares appartiennent les
habitants de l'Inde située à l'orient du Gange,
les Thibétains, les peuples du Népaul, ceux du
royaume d'Ava ou des contrées voisines, les Pé-
guans, les Siamois, les Cochinchinois, les Ton-

6.

quinois, les Japonais et la nation chinoise, l'une des plus anciennement civilisées du globe.

La race nègre comprend deux grandes variétés : les Cafres et les nègres proprement dits.

Ces derniers, auxquels appartiennent essentiellement les principaux caractères de leur race, vivent sur la côte occidentale de l'Afrique, depuis les environs du cap de Bonne-Espérance jusqu'au delà de l'embouchure du Sénégal, et aux îles du cap Vert ; ils sont répandus, vers l'intérieur, le long des plaines qu'arrosent le Niger et les grands fleuves africains qui se jettent dans l'Océan Atlantique, tels que le Sénégal, la Gambie et le Zaïre.

Les Cafres, qui composent l'autre variété de la race nègre, paraissent plus forts que les nègres proprement dits ; leurs traits sont moins différents de ceux de la race caucasique ; leurs mâchoires sont moins avancées ; leur teint est moins noir, leur peau moins luisante, et leur sueur ne répand pas, dit-on, cette odeur particulière que donne la sueur des nègres de l'Afrique occidentale. Plus robustes que la plupart de ces nègres occidentaux, ils sont plus guerriers ; ils forment des États plus considérables, comme ceux du Monomotapa, du Monoëmugi, de Macoco. Plusieurs de ces Cafres, cependant, sont divisés en tribus nomades, voyagent en caravanes, ont des troupeaux nombreux, vivent de la chair de ces troupeaux ou du lait qu'ils en retirent, les conduisent dans les pâturages les mieux arrosés, manient et lancent avec courage et habileté leurs zagaies, et habitent sous des huttes qu'ils construisent, démontent et transportent avec autant de promptitude que de dextérité.

On trouve les Cafres depuis la rivière de May-nire ou du Saint - Esprit, jusqu'au détroit de Babel-Mandel, à l'entrée de la mer Rouge ou Ara-bique, et il paraît qu'elle est aussi répandue sur la côte occidentale de la grande île de Madagascar.

Ces Cafres, ou Africains orientaux, sont séparés des nègres par cette longue et large chaîne de mon-tagnes qui doit représenter, dans l'Afrique équi-noxiale., les Cordillères de l'Amérique du sud.

Indépendamment des trois races principales dont nous venons de parler, on trouve encore dans l'an-cien continent les Malais, les Papous, les Hotten-tots et les Lapons.

C'est vers le midi de la grande péninsule asia-tique, située à l'orient du Gange, que les Malais sont répandus. Ils habitent l'intérieur et les rivages orientaux de Madagascar, les Maldives, Ceylan, Sumatra, Java, Bornéo, la presqu'île de Malaca, d'où on a tiré leur nom, les Moluques, les Philip-pines, les Célèbes, presque tout l'archipel Indien, la Nouvelle-Zélande, Otaïti, les autres îles de la mer du Sud, les îles Sandwich, les Marquises. On les trouve sur toutes les côtes des îles du grand Océan, depuis l'orient de l'Afrique jusqu'à l'occi-dent du Nouveau-Monde. Presque toujours montés sur leurs légères pirogues, ils passent sur la mer la plus grande partie de leur vie ; on les rencontre dans tous les parages du grand Océan ; actifs, au-dacieux, intelligents, ils sont les courtiers de pres-que tout le commerce de l'Inde.

La température des mers et des pays qu'ils par-courent leur donne une couleur brune très foncée ; leurs cheveux, quoique assez longs, sont épais, crépus et noirs, comme ceux des Nègres. Mais voici les traits distinctifs de cette race, d'après lesquels on peut voir que les Malais tiennent, pour ainsi dire, le milieu entre les Mongols et les Nègres : ils ont le front abaissé mais arrondi, les pommettes peu saillantes, le nez large et épais, les narines écartées, la bouche grande, les mâchoires plus avancées que celles des Mongols, mais moins que celles des Nègres, et leur angle facial est le plus souvent de quatre-vingts à quatre-vingt-cinq degrés.

Auprès de ces Malais vivent les Papous, les représentants asiatiques des Nègres et des Cafres de l'Afrique, mais bien plus éloignés encore, par leur conformation et leur état presque sauvage, de la race arabe et européenne. Le peu de renseignements qu'on possède sur ces peuples ne permet pas d'en tracer les caractères généraux et constants ; on sait seulement que, de tous les hommes, ce sont les plus disgraciés de la nature.

Quelques naturalistes ont cru devoir assimiler à cette race celle des Hottentots, qui vit à l'extrémité méridionale de l'Afrique, comme celle des Papous à l'extrémité du midi de l'Asie. On trouve les Hottentots depuis les environs du cap Négro jusqu'à ceux du cap de Bonne-Espérance, et, en remontant ensuite vers le nord, on les voit encore jusque auprès des confins du Monomotapa. On compte, parmi eux, différentes peuplades que l'on a distinguées par des noms particuliers, et dont les habitudes se ressemblent peu. Les unes vivent des produits de leurs troupeaux ; les autres, encore plus rapprochées de l'état sauvage, habitent au milieu des montagnes et des bois, s'y retirent dans des cavernes, sont presque toujours nues, ont un langage dont la pauvreté indique le petit nombre de leurs idées, et se nourrissent souvent des racines qu'elles déterrent.

A une grande distance de ces Hottentots, vers le nord de l'ancien monde, auprès du cercle polaire, dans ces contrées septentrionales où la nature faible, languissante, comprimée, pour ainsi dire, par l'excès du froid, est en quelque sorte rapetissée dans toutes ses dimensions, on rencontre les Lapons, les Samoïèdes, les Ostiaques, les Kamtschatdales, dont la tête est très grosse, la saillie des pommettes très grande, le front très plat, le corps trapu, et la taille si courte qu'elle ne surpasse guère les quatre cinquièmes de la hauteur d'un homme ordinaire de la race caucasique. Leurs yeux sont écartés l'un de l'autre; leur bouche, très large, laisse voir, en s'ouvrant, des dents séparées l'une de l'autre par des intervalles; leur voix est grêle et criarde. Plusieurs petits peuples de cette race vivent, pendant l'été, sous des huttes ou des espèces de tentes, et, pendant l'hiver, dans des *iourtes* qu'ils creusent dans la terre. Entourés de grands troupeaux de rennes, ils se nourrissent de leur lait et de leur chair; d'autres trouvent leur aliment ordinaire dans les produits d'une pêche plus ou moins abondante, dans les poissons dont ils font provision pour l'hiver, saison où l'intensité du froid, la rigidité des glaces et la longueur des nuits les empêchent de pêcher.

Les Kamtschatdales attellent à leurs traîneaux plusieurs couples de chiens de race sibérienne, auxquels ils abandonnent une partie des poissons dont ils se nourrissent eux-mêmes. Les Ostiaques vivent de la chair et de la graisse des ours qu'ils chassent avec courage et habileté.

Si, continuant de parcourir les environs du cercle polaire, nous passons de l'ancien monde dans le nord du nouveau continent, nous trouvons, à l'extrémité septentrionale de l'Amérique, cette race des Lapons, des Samoïèdes, des Ostiaques et des Kamtschatdales, continuant de se montrer sous le nom d'Esquimaux et de Groënlandais; et nous ne devons pas être étonnés de cette identité de race entre des peuplades si accoutumées à braver les froids les plus rigoureux, à conserver pour l'hiver les produits de leur pêche d'été, à voyager sur les neiges et les glaces, à voguer au milieu des mers les plus froides et les plus agitées, à traverser, comme les Esquimaux, de grands intervalles, et à se transporter d'un parage dans un autre sur des canots recouverts d'une peau rattachée autour du corps du navigateur, dans lesquels l'eau de la mer ne peut entrer, et qui, véritablement insubmersibles, jouent, pour ainsi dire, avec les vagues les plus furieuses. D'ailleurs, les mêmes causes naturelles, agissant avec la même intensité et pendant des temps égaux, ne doivent-elles pas produire des effets semblables?

Considérons de nouveau, sous un point de vue général, toutes les races de l'espèce humaine, et particulièrement les trois races principales, la caucasique ou arabe et européenne, la mongole et l'éthiopique : nous verrons les différences que les climats peuvent produire sur l'espèce humaine.

Selon que les races habitent sur des montagnes ou dans des plaines, près de vastes forêts ou sur le bord des mers, dans la zone torride ou dans le voisinage des zones glaciales, qu'elles sont soumises à une chaleur excessive ou à une douce température, à la sécheresse ou à l'humidité, aux vents violents ou aux pluies abondantes, et qu'elles reçoivent l'action de ces différentes forces plus ou moins combinées, elles peuvent offrir, et présensent en effet, de grandes différences dans leur extérieur, et forment, par la nature et la couleur de leurs téguments, des sous-variétés fort remarquables. Le tissu muqueux ou réticulaire, qui règne entre l'épiderme et la peau proprement dite, s'organise ou s'altère de manière à changer la couleur générale des individus, la longueur et la nuance des cheveux et des poils. Cette couleur générale est le plus souvent blanche dans les pays tempérés et presque froids ; les cheveux y sont blonds, très longs et très fins. Le blanc se change en basané, en brun, en jaunâtre, en olivâtre, en rouge-brun assez semblable à la couleur de cuivre, et même en noir très foncé, à mesure que la chaleur, la sécheresse ou d'autres causes analogues augmentent : la longueur des cheveux diminue en même temps ; leur finesse disparaît, leur nature change, ils deviennent laineux ou cotonneux.

Les différentes races de l'espèce humaine sont sujettes à d'autres altérations produites par l'influence du climat, plus profondes, mais moins constantes, et qui, ne passant pas toujours du père ou de la mère aux enfants, ne forment pas des variétés ou sous-variétés proprement dites, et ne doivent être considérées que comme des modifications individuelles.

Tels sont, par exemple, les goîtres et le crétinisme. On a attribué la dégénération des crétins à l'effet d'une humidité excessive et d'une grande stagnation dans l'air atmosphérique, réunies à d'autres circonstances du climat.

Ces crétins sont disgraciés dans leurs facultés morales comme dans leurs facultés physiques. Tous leurs organes sont dans le relâchement; ils sont pâles et jaunâtres; leur peau est mollasse, leur figure triste, leur regard hébété, les glandes de leur cou prodigieusement engorgées, pendant en larges goîtres; ne relevant leurs bras et ne remuant leurs jambes qu'avec effort, ils passent leur vie assis ou couchés. A peine parlent-ils, et les idées leur manquent. Leur cerveau, peu développé, est comme affaissé, et leur intelligence est, en quelque sorte, rabaissée au-dessous de l'instinct d'une brute. Il faut les soigner, les nourrir, les habiller, comme de faibles enfants ou des vieillards débiles. Heureusement pour ces êtres si imparfaits, et qui sont à la merci de tous ceux qui les entourent, une opinion, qu'on pourrait appeler providentielle, les fait considérer, dans quelques contrées, comme des hommes chéris du Ciel, dont on suit particulièrement la volonté, en protégeant et en soulageant ces malheureux.

On trouve ces crétins non seulement dans les gorges du Valais où on les a beaucoup observés, mais dans celles des plus hautes chaînes de montagnes, des Pyrénées, des Alpes, des monts Carpathes, du Caucase, de l'Oural, du Thibet,

de Sumatra, des Andes et des Cordillères améri-
caines.

Une autre grande dégénération de l'espèce humaine produit quelques uns des effets que nous
venons de décrire : elle consiste particulièrement
dans l'altération de la couleur de la peau et des
poils qui y sont enracinés. Nous avons vu que,
dans toutes les races humaines, la couleur et la
nature de la peau, ainsi que celles des cheveux
ou des poils qui la garnissent, dépendaient de ce
tissu réticulaire que l'on trouve au-dessous de
l'épiderme et au-dessus de la peau proprement
dite, et qui est plus ou moins blanc dans la race
caucasique, olivâtre dans la mongole, et noir dans
l'éthiopique. Une altération particulière dans ce
réseau, ou l'absence de cet organe, est le symptôme
d'une dégénération particulière que l'homme peut
présenter à quelque race qu'il appartienne, et
dont on peut voir des caractères plus ou moins
prononcés dans tous les corps organisés, dans les
plantes comme dans les animaux. Les hommes
dans lesquels on remarque cette grande altération,
sont nommés *blafards*, en Europe ; *bedos*, *cha-
crelos*, dans les Indes ; *albinos*, *nègres blancs*,
en Afrique, et *dariens*, en Amérique. Leur couleur est, en totalité ou en partie, blanche ; leur peau
molle, lâche et ridée ; leurs cheveux et leurs poils
sont blancs et soyeux ; leurs yeux, dont l'iris est
rouge, ne peuvent supporter la lumière du jour,
et ne voient un peu distinctement que pendant le
crépuscule ; leur corps est sans vigueur et leur
esprit sans force : à peine peuvent-ils traîner leur
vie languissante.

7

La terre nous montre donc partout la puissance
du sol, des eaux, de l'air et de la température sur
l'organisation et les facultés de l'espèce humaine :
nous voyons les climats retarder ou accélérer avec
plus ou moins de force la marche de l'état social
vers son perfectionnement. Mais si les froides contrées du nord de l'Europe, de l'Asie et de l'Amérique, si les forêts épaisses et les bords des lacs ou
mers intérieures de l'Amérique boréale ne montrent encore que des peuplades de chasseurs ou de
pêcheurs ; si les immenses plaines de l'Asie et de
l'Afrique, salées et assez arrosées pour se couvrir
de végétaux, nourrissent des hordes plus ou moins
errantes de pasteurs entourés de nombreux troupeaux ; si les pays où une douce température, un
heureux mélange de jours sereins et de pluies fé-
condantes, un terrain fertile, une distribution
favorable de fleuves, de rivières, de ruisseaux et de
fontaines, font croître avec abondance les arbres
et les plantes les plus utiles à la nourriture et aux
arts de l'espèce humaine, sont les théâtres privi-
légiés sur lesquels l'agriculture, la propriété, l'é-
tude, la science et l'industrie ont hâté le plus les
progrès de la civilisation ; quel pouvoir l'homme
n'exerce pas aussi sur les climats par son intelligence ! La terre, les eaux, les êtres organisés
obéissent à sa volonté, il les maîtrise par son génie
et par ses arts ; quel empire lui a été donné particulièrement sur les animaux !

A mesure que l'espèce humaine s'est répandue
sur le globe, non seulement elle a diminué l'é-
tendue sur laquelle s'étaient retirés les animaux
encore libres, mais toutes leurs facultés ont été,

pour ainsi dire, comprimées par le défaut d'espace, de sûreté et de nourriture. Leur instinct,
affaibli par la crainte, n'a produit le plus souvent
que la ruse, la fuite ou une défense désespérée.
Leurs arts ont presque partout disparu devant le
grand art de l'homme, et leurs associations ont
été dispersées à l'approche de la société humaine
qui n'a pas souffert de rivale. Son génie a dompté
tous ceux dont il a cru pouvoir tirer quelque ser-
vice. Il avait asservi le chien par l'affection, le
cheval par le frein, et les autres animaux par le
chien, le cheval par ses armes ou ses piéges : il a
modifié le naturel de ceux qu'il a approchés de
lui, altéré leurs goûts, changé leurs appétits ;
il les a dominés au point de n'avoir plus besoin
d'autre chaîne que celle de l'habitude pour les retenir auprès de sa demeure. Il les a faits ses escla-
ves, et après s'être emparé de leurs forces, de
leur adresse ou de leur agilité, il a donné à l'agriculture le bœuf, au commerce l'âne si patient, et
le chameau, ce vaisseau vivant des immenses mers
de sable ; à la guerre l'éléphant ; à la chasse le
faucon ; à l'agriculture, au commerce, à la guerre,
à la chasse, le cheval généreux et le chien fidèle ;
à ses goûts le lièvre, le cabiai, le cochon, le che-
vreuil, le pigeon, le coq des contrées orientales,
le faisan de l'antique Colchide, la pintade de l'A-
frique, le dindon de l'Amérique, les canards des
deux mondes, les perdrix, les cailles voyageuses,
l'agami, les tortues, les poissons ; à la médecine,
le bouquetin, la grenouille, la vipère ; aux arts
les fourrures, les martres, les dépouilles du lion,
du tigre et de la panthère, les poils du castor,

ceux de la vigogne, que nos Alpes et nos Pyrénées nourrissaient avec tant de facilité, ceux des diverses chèvres, la laine des brebis, l'ivoire de l'éléphant, de l'hippopotame, du morse, les défenses du narval, l'huile des phoques, des lamantins, des cétacés, le blanc des cachalots, les fanons des baleines, la substance odorante du musc, le duvet de l'eider, la plume de l'oie, l'aigrette du héron, les pennes frisées de l'autruche, les écailles du caret, et jusqu'à celles de l'argentine.

Il ne s'est pas contenté d'user et d'abuser ainsi de tous les produits de tant d'espèces qu'il a rendues domestiques ou sujettes, il les a formées à contracter des alliances que la nature n'avait point ordonnées : il a mêlé celles du cheval et de l'âne, et il en a eu, pour les transports difficiles, le mulet et le bardeau. Il a augmenté, diminué, modifié, combiné les formes et les couleurs de tous les animaux sur lesquels il a voulu exercer le plus d'empire. S'il n'a pu arracher à la nature le secret de créer des espèces, il a produit des races par la distribution de la nourriture, l'arrangement de l'asile, le choix des mâles et des femelles ; et surtout par la constance, cet emploi magique de la force irrésistible du temps, il a fait naître de grandes variétés dans l'espèce du chien, plusieurs dans celles de la brebis, du bœuf, de la chèvre, du bouc, un grand nombre dans celle du coq, une multitude dans celle du pigeon. Qui ne connaît pas, d'ailleurs, les différentes races par le moyen desquelles le cheval arabe s'est diversifié sous la main de l'homme depuis les climats très chauds de l'Afrique et de l'Asie jusque dans le Danemark et les

autres contrées septentrionales? et enfin, lorsque
l'homme n'a pu soumettre qu'imparfaitement les
animaux, n'a-t-il pas su encore employer l'aliment
qu'il a donné, la retraite qu'il a offerte ou la sûreté
qu'il a garantie, à se délivrer des rats par le chat,
des reptiles dangereux par les ibis et les cigognes,
d'insectes dévastateurs par les coucous et les gra-
cules, de cadavres infects et de vapeurs pestilen-
tielles par les hyènes, les chacals et les vautours?

Une des grandes causes des progrès de cette
civilisation qui a donné à l'homme un si grand
empire, a été ce besoin de penser, de réfléchir, de
méditer, qu'ont dû éprouver ceux qui ont joui
d'un sort paisible et de beaucoup de loisir. Plus
frappés des divers phénomènes qui les ont envi-
ronnés que les autres hommes, et ne pouvant ré-
sister au désir d'en découvrir les causes, ils ont
examiné avec soin et comparé avec assiduité les
objets de leur attention, et de comparaison en
comparaison, ils se sont élevés à ces idées générales qui deviennent si fécondes lorsqu'on les rapproche les unes des autres, que l'on distingue tous
leurs rapports, que l'on en tire toutes les consé-
quences. C'est alors que l'imagination s'anime et
le génie s'élève. Le courage entreprend de sur-
monter tous les obstacles; ni les distances, ni les
montagnes, ni les forêts, ni les déserts, ni les
fleuves, ni les mers, rien ne l'arrête. Le hasard,
l'expérience et le calcul donnent au verre les qualités et la forme qui agrandissent dans le fond de
l'œil l'image des objets que leur distance trop
grande ou leurs dimensions trop petites auraient
dérobés à la vue. L'active curiosité pénètre dans

les profondeurs des cieux et dans l'intérieur des productions de la nature. Le génie s'avance, pour ainsi dire, comme un géant suivi d'une légion d'hommes illustres ; il enflamme cette troupe immortelle, ce bataillon sacré qui combat pour accroître le domaine de la science. Quels trophées élèvent ces hommes si favorisés de la natur, dont les rangs se multiplient et s'étendent sans cesse ! Les uns s'avancent précédés de la trompette héroïque ; on voit sur leurs fronts les brillantes couronnes dont les ont ornés les muses de l'épopée, de l'ode, de la tragédie, de la comédie et de l'histoire. Les grands peintres, les grands statuaires, les musiciens créateurs marchent au milieu d'eux ; le même souffle inspirateur les anime, les mêmes rayons les environnent.

Les profonds mathématiciens inventent cette langue admirable dont les signes, représentant à volonté toutes les quantités, peuvent se combiner de manière à montrer tous les rapports, à résoudre tous les problèmes. Les lois éternelles auxquelles obéissent tous les corps célestes répandus dans l'immensité de l'univers, qui dirigent tous les mouvements, règlent tous les équilibres, déterminent tous les repos, sont reconnues et promulguées. On en découvre l'empire dans tous les phénomènes ; on le voit et dans le poids de l'atmosphère qui environne la terre et dans les soulèvements réguliers des mers qui la divisent en continents, et dans les pluies qui l'arrosent, et dans les orages qui la fécondent. L'art, heureux rival de la nature, s'empare de tous ses agents, maîtrise l'eau, l'air, le feu, les vapeurs les plus subtiles ; soumet toutes

les substances à leur action, en sépare les éléments,
les examine, les réunit à son gré; décompose,
analyse et recompose jusqu'aux rayons de la lumière. De hardis voyageurs étalent les richesses de
tout genre qu'ils ont rapportées dans leur patrie au
travers de tant de périls; d'autres amis des sciences
et particulièrement des sciences naturelles, nous
rappellent quels objets ils ont les premiers re-
connus, décrits et comparés : ceux-ci sont entourés
de ces tables sur lesquelles ils ont inscrit les êtres
vivants et les êtres inanimés; ceux-là ont gravé,
sur de vastes monuments, l'histoire des antiques
révolutions auxquelles la nature a soumis les globes
qui roulent dans l'espace.

A mesure que les temps se succèdent, les difficultés diminuent, les obstacles disparaissent, les
ressources s'accroissent; chaque découverte, chaque perfectionnement, chaque succès en enfante
de nouveaux. L'art de la navigation s'agrandit, la
mécanique lui fournit des vaisseaux plus agiles.
Les rivalités des peuples, les jalousies du commerce, les fureurs même de la guerre n'élèvent plus
de barrières au-devant des hommes éclairés qui
cherchent de nouvelles sources d'instruction. La
physique et l'hydraulique créent de nouveaux
moyens de descendre sans périls dans les profondeurs de la terre. Des canaux, conduits au travers
des chaînes de montagnes, lient les bassins des
fleuves et forment, pour les voyages et les transports, un immense réseau de routes et de communications faciles. Les observations faites dans les
contrées les plus éloignées les unes des autres peuvent être comparées avec précision. La chimie ne

cesse de découvrir ou de former de nouvelles substances. La cristallographie dévoile la structure des
minéraux ; un métal, longtemps inconnu sur une
terre lointaine, sert à perfectionner le système des
mesures par l'invariabilité des modèles, les arts
chimiques par l'inaltérabilité des creusets, l'astro-
nomie et l'art nautique par la pureté des miroirs
du télescope. On transporte au-delà des mers les
végétaux les plus délicats sans leur ôter la vie : le
café, le tabac, le thé, le sucre, les épiceries, portés
avec soin et cultivés avec assiduité dans des pays
analogues à leurs propriétés, donnent aux échanges
une direction plus régulière, affranchissent les na
tions d'une dépendance ruineuse, distribuent avec
plus d'égalité les fruits du travail parmi les peuples civilisés. L'attention, l'adresse et le temps
domptent les animaux les plus impatients du joug,
par l'abondance de l'aliment, la convenance de la
température et les commodités de l'habitation : des
animaux nouvellement connus, tels que la vigogne
du Chili et la chèvre de Cachemire, fournissent un
poil doux, soyeux, léger, très brillant, à des ate-
liers que des machines ingénieuses rendent chaque
jour plus avantageux.

La science n'indique-t-elle pas à l'agriculture et
les propriétés des divers terrains et les qualités des
semences qui varient les recettes et multiplient les
produits par leur convenance avec le sol ; et les
herbes destinées à former les prairies les plus nour-
ricières ; et les animaux dont l'adresse, la force,
la tempérance et la docilité peuvent le plus alléger
ses travaux ; et les arbres que les vergers récla-
ment, et jusqu'aux fleurs qui doivent embellir les

jardins et couronner les heureuses tentatives.

La médecine acquiert des remèdes plus adaptés aux divers maux qu'elle doit guérir, et de nombreuses observations dont la comparaison multiplie ses succès. La chirurgie étonne par la hardiesse de ses heureuses opérations, dont les anciens n'avaient pas même conçu l'idée. L'anatomie, en soumettant à ses examens non seulement l'homme, mais tous les animaux, devient une science nouvelle dont les faits, comparés avec habileté, dirigent la chirurgie et la médecine, et les conduisent à de nouveaux triomphes.

L'art militaire, qui défend les Etats et le commerce, qui en ferme les plaies, obtient des chars plus solides, des bêtes de somme plus fortes, des coursiers plus rapides. Cet art de la guerre, sous le nom de stratégie, embrasse des espaces immenses dans ses sublimes conceptions ; coordonne, meut et dirige, par ses combinaisons savantes, de grandes masses séparées par de grandes distances ; et la science de Vauban lui donne des points d'appui et des asiles dans les places dont elle perfectionne de plus en plus les fortifications.

Les arts dont le dessin est la base, trouvent dans les exemples des anciens et dans l'admirable variété des productions de la nature rassemblées devant eux, une source inépuisable de sujets de leur imitation, d'accessoires pour les faire ressortir, et d'ornements pour les embellir.

Quelles images, quels tableaux, quel spectacle cette nature dévoilée n'offre-t-elle pas à l'éloquence et à la poésie !

Quelle puissance à chanter par les Homères et les

Virgiles modernes que celle de cette même nature physique combattant contre le temps ! Quel secours pour l'historien des sociétés humaines, incertain sur l'origine, la durée ou la succession des événements, que l'étude de ces sublimes annales que la nature a gravées elle-même sur le sommet des monts, dans les profondeurs des mers et dans les entrailles de la terre.

Le métaphysicien s'éclaire, en comptant avec le naturaliste les degrés de l'industrie, de la sensibilité, de l'instinct des animaux, pour faire ressortir par la comparaison l'intelligence humaine.

L'homme d'état, environné pour ainsi dire d'une multitude d'objets comparés avec sagacité, et de productions de tout genre, apportées, accrues, accumulées par la science, résout le grand problème de la conciliation de la richesse d'une nation avec les vertus, du luxe avec les mœurs, de la force qui résiste au dehors avec celle qui conserve et vivifie au dedans. La politique lui montre la tyrannie étrangère qui menace les empires, moins enrichis que leurs voisins par un commerce prospère. La philosophie lui découvre la corruption, le vice et le despotisme asservissant sans obstacle ceux où le luxe a déployé ses brillants étendards. La science de la nature ne repousse pas les objets de ce luxe et si heureux et si funeste ; elle les accroît, au contraire, elle les multiplie, elle les met à la portée des citoyens les moins fortunés ; et en ne diminuant aucune des ressources d'une politique prévoyante et tutélaire, en ajoutant même à ses moyens de résistance et en augmentant la supériorité de sa force défensive et protectrice, elle sa-

tisfait la sagesse par une distribution moins inégale
de dons trop enviés. Elle calme l'inquiétude des
citoyens par une répartition plus convenable d'avan-
tages réels ou imaginaires qui ne corrompent les
corps sociaux que par le délire de la vanité du
petit nombre qui les possède exclusivement, et par
les désirs inconsidérés du grand nombre qui les
convoite. Chez les anciens, où les lumières de la
science étaient réservées à quelques sages, le luxe
fut mortel pour les états, parce que, né de la violence qui enlève sans semer, qui détruit sans re-
produire, qui bouleverse sans fertiliser, il porta
le caractère de son origine dévastatrice, et parce
que, n'étant la propriété que de quelques familles,
il régna à côté de la misère qu'il rendit encore
plus affreuse. Mais à l'époque où est parvenue la
civilisation européenne, né de la science créatrice
et de l'industrie qui féconde, il appartient pour
ainsi dire à tous, perd le nom sous lequel il a tant
de fois effrayé la vertu, et se montre sous la déno-
mination constante de l'heureuse abondance.

Et comment l'étude florissante et généralement
répandue des facultés de l'homme, de ses pensées,
de ses sentiments, de ses œuvres, des produits
admirables de l'art et de toutes les merveilles de
la création, n'influerait-elle pas, d'ailleurs, sur
les mœurs des peuples? Destructive d'erreurs dan-
gereuses et de préjugés decourageants, elle est la
source du développement de l'intelligence qui aper-
çoit et montre ce qui est bon, de la sensibilité
douce et paisible qui le fait chérir et le récompense,
et de l'industrie active dont le plus noble effet est
de conserver, par la constance de l'occupation,

la vertu, dirigée par la morale et la religion.

Offerte à l'enfance avec les tendres précautions qu'inspire cet âge, présentée avec le charme que donnent des objets à manier, des images à regarder, des courses à renouveler, des instructions mutuelles à répéter, des concours à établir, diversifiant ses jeux, au lieu de les troubler, elle remplit son jeune cœur d'affections touchantes, agréables et pures, et façonne son esprit flexible aux idées vraies, grandes et élevées. Les arts, devenus alliés fidèles de la science, ne présentant plus sur les étoffes les plus communes, sur les meubles les plus simples, ou parmi les ornements les plus élégants et les décorations des palais, que des copies exactes des êtres sortis des mains de la Providence, et ne montrant plus les produits monstrueux d'une convention ridicule, d'un hasard étrange ou d'une imagination délirante; cette enfance si précieuse échappe au danger, plus grand qu'on ne le pense, d'imprimer dans sa tête encore si faible des images fantastiques, des idées fausses, des objets disparates, des réunions absurdes, et de s'accoutumer ainsi à voir comme réel ce qui ne peut pas exister, à substituer de vaines sensations aux résultats de l'expérience, à mettre en opposition les sens avec la raison, la mémoire avec la vérité, et à donner à ses pensées, et par conséquent à ses sentiments, la direction la plus funeste.

Les nuages du préjugé et de l'erreur, en se dissipant devant le souffle de la science, laissent paraître et briller de tout leur éclat ces principes sacrés, d'après lesquels les lois dictées par la sagesse, garantissent la stabilité des gouvernements, les droits imprescriptibles des peuples, et cette sainte religion de l'évangile qui, réunissant tous les cœurs par les liens d'une affection mutuelle et d'une charitable bienveillance, est un culte universel d'amour envers la Providence, et le gage le plus assuré de la paix et du bonheur du monde (1).

(1) Voyez le Dictionnaire des sciences naturelles, article *Homme.*

DEUXIÈME PARTIE.

RAPPORTS
DE L'HOMME AVEC LES ANIMAUX.

NOTIONS GÉNÉRALES
SUR L'ORGANISATION DES ANIMAUX COMPARÉE AVEC CELLE DE L'HOMME.

CLASSIFICATION.

Le corps de l'homme est, comme nous l'avons dit, le type auquel les naturalistes ont dû comparer l'organisation de tous les animaux. Dans tous, en effet, on retrouve quelques traits plus ou moins défigurés de cette image auguste : tous s'y rapportent de quelque manière. Il en résulte que, de l'homme aux derniers animaux, semble s'étendre une longue chaîne dont notre espèce occupe la tête, et dont chaque anneau se rattache, par des connexités toujours certaines, avec l'anneau qui suit et l'anneau qui précède. C'est une échelle à laquelle il ne manque pas un degré, et qui s'étend même au-delà de la nature animée. La transition entre

les êtres organisés et les êtres inorganiques est insensible, comme elle l'est aussi entre le règne animal et le règne végétal. C'est cette longue série
que nous allons parcourir. De l'être qui la domine,
nous avons fait une étude à part, car nous ne devons jamais oublier que, malgré les rapports que
notre nature physique nous a donnés avec les animaux, notre nature intellectuelle nous en éloigne
d'une incommensurable distance. En étudiant les
relations intimes qui unissent toutes les espèces,
les progrès successifs qui s'opèrent dans l'échelle
des êtres, quelques hommes ont osé soutenir que
l'homme n'était qu'une espèce d'animal perfec-
tionné, que la *nature* avait d'abord produit des
ébauches inachevées que les circonstances, le
hasard, avaient développées, complétées; que
de l'animal *né*, comme ils disaient, *de la corruption*, s'étaient formés, par des transformations de
plus en plus heureuses, le poisson, le quadrupède,
le singe, *l'homme!* La raison, l'expérience, ont
renversé cette avilissante doctrine : l'étude de la nature a prouvé que l'univers avait été conçu tout entier par l'intelligence divine; que la puissance créatrice avait été efficace aussi bien pour produire
du premier jet les êtres les plus parfaits, que les
substances les moins composées. La permanence
des espèces prouve que chacune a reçu, dans ce
monde, une place qu'elle ne quittera pas, au-dessus
de laquelle aucune influence ne peut la faire monter. Jamais un infusoire ne s'est métamorphosé en
un insecte; jamais un insecte n'est devenu un quadrupède; jamais aucune circonstance de climat,
ni même d'éducation, n'a donné au singe une étin-

cellé de raison. L'homme a été créé avec son intelligence ; c'est un don incommunicable, qu'il
n'est donné à aucun animal de partager. Cette liai-
son qui existe entre tous les êtres, l'homme *phy-*
sique y compris, mais qui ne produit jamais entre
eux ni confusion ni trouble, au lieu de nous four-
nir un argument contre la prévoyance de Dieu,
doit nous faire admirer la sagesse avec laquelle le
Créateur maintient l'ordre dans cet univers qu'il
n'a tiré du néant que pour y conserver une inalté-
rable harmonie.

. . . . Du règne minéral
Si je veux remonter au règne végétal,
Je vois entre eux les talcs et leurs lames fibreuses,
L'amiante allongeant ses membranes soyeuses
Qui, se changeant en fil, donnent ce tissu fin,
Triomphant de la flamme et l'émule du lin ;
La tendre sensitive, aux yeux surpris du sage,
Semble lier entre eux par un plus doux passage
La race qui végète, et l'empire animé ;
Le polype des eaux, prodige renommé,
Dont tantôt je peignais la tige renaissante,
Parut pour réunir l'animal à la plante.
Dans le monde vivant, combien d'autres anneaux
Joignent l'hôte des airs, de la terre et des eaux !
Le limaçon vêtu de sa frêle coquille,
Des poissons écailleux rappelle la famille ;
Les lacs ont leurs oiseaux, la mer a ses serpents,
Et ses poissons ailés, et ses poissons rampants,
Quelques uns, habitants de la terre et de l'onde,
Touchent à deux degrés de l'échelle du monde.
De l'autruche, trottant sur ses pieds de chameau,

L'aileron emplumé la rejoint à l'oiseau ;
De l'écureuil volant la famille douteuse,
L'oreillard déployant son aile membraneuse,
Joignent le quadrupède avec le peuple ailé :
Ainsi rien n'est tranchant ; ainsi rien n'est mêlé ;
Ainsi sont réunis sur cette échelle immense,
Le degré qui finit et celui qui commence.
L'homme seul est au faîte. . . . . . .

L'empire de l'homme sur les animaux est un empire légitime qu'aucune révolution ne peut détruire ; c'est non seulement un droit de nature, un pouvoir fondé sur des lois inaltérables, mais c'est encore un don de Dieu, par lequel l'homme peut reconnaître à tout instant l'excellence de son être. Car ce n'est pas parce qu'il est le plus parfait, le plus adroit ou le plus fort des animaux qu'il commande ; s'il n'était que le premier du même ordre, les seconds se réuniraient pour lui disputer l'empire. C'est par la supériorité de sa nature que l'homme règne et commande ; il pense, dès-lors il est maître des êtres qui ne pensent pas.

Cependant, parmi les animaux, les uns paraissent être plus ou moins familiers, plus ou moins sauvages, plus ou moins doux, plus ou moins féroces ; que l'on compare la docilité et la soumission du chien avec la fierté et la férocité du tigre ; l'un paraît être l'ami de l'homme, l'autre son ennemi. Son empire sur les animaux n'est donc pas absolu ; combien d'espèces savent se soustraire à sa puissance, par la rapidité de leur vol, par la légèreté de leur course, par l'obscurité de leur retraite, par la distance que met entre eux et lui l'élément qu'ils habitent ! Combien d'autres espèces lui échappent par leur seule petitesse ! Et enfin combien y en a-t-il qui, bien loin de reconnaître leur souverain, l'attaquent à force ouverte ; sans parler de ces insectes qui semblent l'insulter par leurs piqûres, de ces serpents dont la morsure porte le poison et la mort, et de tant d'autres bêtes immondes, incommodes, inutiles, qui semblent n'exister que pour faire sentir à l'homme combien, depuis *sa chute*, il est peu respecté !

C'est qu'il faut distinguer l'empire de Dieu du domaine de l'homme. Dieu, créateur des êtres, est seul maître de la nature : l'homme ne peut rien sur l'ensemble de la création ; il ne peut rien sur le mouvement des corps célestes, sur les révolutions de ce globe qu'il habite ; il ne peut rien sur les animaux, les végétaux, les minéraux en général ; il ne peut rien sur les espèces, il n'a de puissance que sur les individus. Car les espèces en général et la matière en bloc appartiennent à la nature, ou plutôt la constituent ; tout se passe, renaît, se succède, se renouvelle et se meut par une puissance irrésistible ; l'homme, entraîné lui-même par le torrent des siècles, n'influe en rien sur la durée de sa vie ; lié par son corps à la matière, enveloppé dans le tourbillon des êtres, il est forcé de subir la loi commune ; il obéit à la même puissance, et, comme tout le reste, son corps naît, croît et périt.

Mais le rayon divin dont l'homme est animé, l'ennoblit et l'élève au-dessus de tous les êtres matériels. Cette substance spirituelle, loin d'être assujettie à la matière, a droit de se faire obéir ; et, quoiqu'elle ne puisse pas commander à la nature

entière, elle domine sur les êtres particuliers.
Dieu, source unique de toute lumière et de toute
intelligence, régit l'univers et les espèces entières
avec une puissance infinie ; l'homme, qui n'a qu'un
rayon de cette intelligence, n'a qu'une puissance
limitée à des portions de la matière, et n'est maître
que des individus (1).

Examinons plus en détail la manière dont tous
les êtres se rattachent les uns aux autres, les modifications que les principaux organes subissent
dans les différentes classes.

(1) Ce morceau remarquable, qui trace avec tant de précision les rapports de l'homme avec la nature, est tiré de
Buffon.

DE LA PEAU

ET DES ORGANES DES SENS

DANS LA SÉRIE ANIMALE.

La forme des animaux n'a rien de constant ; elle apparaît variée de mille manières ; mais ce que nous retrouverons chez tous, c'est une enveloppe extérieure qui limite de toutes parts la substance dans l'animal, et forme ce qu'on appelle la peau. La configuration que la peau donne à cette substance n'est cependant pas ordinairement irrégulière. S'il y a eu quelques animaux que l'on peut appeler informes et que nous placerons à l'extrémité de la série animale, nous en verrons dont la figure déjà constante, présente des pattes rayonnantes autour d'un centre, puis enfin des êtres, et ce sont les plus nombreux, chez lesquels les pattes sont disposées dans un ordre symétrique.

La peau est surtout importante comme siége des organes des sens, et comme organe spécial elle-même du sens qui appartient à tous les animaux sans exception, celui du toucher.

DU TOUCHER.

Dans l'homme, que nous avons pris pour objet de comparaison, la peau est nue et le toucher très subtil. Il ne l'est pas de même dans tout l'embranchement auquel appartient l'homme physique, celui des animaux munis d'un squelette intérieur, ou vertébrés. Dans la plupart des animaux à mamelles ou mammifères, la peau, plus ou moins épaisse, est revêtue de poils, et la sensibilité n'est vive que dans les endroits où les poils manquent tout à fait.

Dans les oiseaux, la peau est encore plus cachée; elle est couverte partout de plumes longues et épaisses, qui rendent ces animaux presque inaccessibles aux impressions extérieures.

Les reptiles, qui viennent après les oiseaux dans l'embranchement des animaux vertébrés, ont la peau garnie, en général, d'écailles très dures et très résistantes : quand les écailles manquent, comme chez les grenouilles, la peau rude et coriace comme du parchemin, n'en devient guère plus sensible.

Des écailles recouvrent très fréquemment la peau des poissons, dont le toucher n'est un peu délicat que dans les espèces à peau nue et lisse, comme les maquereaux.

Parmi les animaux sans vertèbres, les uns, appelés les articulés, ont une sorte de squelette extérieur, dur, impénétrable, qui rend le toucher absolument nul dans presque toutes les parties du corps. Il n'en est pas de même chez les mollusques ou animaux mous, par excellence, qui n'ont aucun squelette, ni intérieur, ni extérieur. Quand ils ne sont pas revêtus d'une coquille, comme les limaçons, ils offrent une masse entourée d'une peau extrêmement fine, douce, d'une sensibilité extrême qui sert à remplacer chez ces animaux les autres facultés physiques, toutes fort obscures.

Les animaux à forme rayonnante n'ont pour peau qu'un tégument coriace, où un tissu tellement léger qu'il ne se distingue guère de la substance même de l'animal : dans les premiers le toucher existe à peine, dans les seconds il disparaît à peu près. On ne peut guère déterminer ce qu'il peut être dans les êtres douteux qui terminent l'échelle animale.

Du reste, quelle que soit la délicatesse du toucher dans les animaux à peau très molle, ce sens n'est jamais aussi parfait que dans l'homme, qui seul, comme nous l'avons dit, possède véritablement l'avantage d'avoir les doigts de la main mobiles, indépendamment les uns des autres, et opposables au pouce, disposition qui lui permet non seulement de recevoir du contact des objets une impression agréable ou désagréable, mais encore d'en apprécier la forme et l'étendue.

DU GOUT.

Le goût, qui se rapproche assez du toucher par sa nature et la manière dont il s'exerce, existe encore dans l'homme à son plus haut degré de perfection. Sa langue molle et flexible saisit aisément les plus légères saveurs. Cette délicatesse du goût diminue dans les mammifères dont la langue est revêtue de papilles cornées, comme dans les chats, les bœufs, etc.; dans les oiseaux la langue est souvent presque ossifiée ou cartilagineuse, par conséquent peu sensible. La langue des reptiles, chez un grand nombre d'espèces, comme chez les serpents, les grenouilles, est molle et charnue, et paraît douée d'une plus grande sensibilité; chez les poissons, l'organe du goût semble à peu près nul : la langue manque entièrement, ou est tout à fait osseuse. Le goût se retrouve dans quelques mollusques; il est plus développé chez beaucoup d'insectes, et l'on en juge par le soin avec lequel ils choisissent leur nourriture; cependant il n'y a plus de langue proprement dite; et le sens du goût réside dans des trompes, des suçoirs ou des mandibules. Il est impossible de reconnaître l'existence du goût chez les rayonnés.

DE L'ODORAT.

L'organe de l'odorat est bien loin d'avoir toute sa perfection dans l'homme. Il est infiniment plus développé dans les mammifères carnassiers; et l'on ne doit pas s'en étonner, c'est un moyen que la Providence leur a donné pour découvrir leur proie, sans lequel ils seraient souvent réduits à mourir de faim, tandis qu'il nous est facile de nous procurer mille autres ressources par notre intelligence. Ce même plan de la Providence se révèle dans l'organisation des oiseaux : l'odorat n'est subtil que dans les espèces qui se nourrissent de matières en décomposition dont les émanations doivent les frapper de loin. L'organe de l'odorat devient de plus en plus simple, de moins en moins

sensible chez les reptiles et les poissons, et disparaît tout à fait dans les animaux sans vertèbres, et
cependant leur odorat parait quelquefois doué
d'une grande sensibilité ; on en voit chaque jour
la preuve dans cette rapidité avec laquelle les
mouches se dirigent vers les corps en putréfaction.

DE LA VUE.

On sait comment la vue s'exerce dans l'homme.
A mesure que l'on descend dans la série des animaux vertébrés, on remarque que les deux yeux
s'écartent l'un de l'autre ; ce qui permet à ces êtres
d'embrasser d'un coup d'œil un champ bien plus
considérable, sans affaiblir pour cela la vivacité
des sensations. En effet, plusieurs quadrupèdes ont
une vue bien plus perçante que l'homme ; la vue
est surtout prodigieuse chez les oiseaux. Continuellement perdus dans les plaines de l'air, ils
avaient besoin de discerner les objets au loin pour
reconnaître leur route et leur demeure ; la Providence ne les a pas laissés au dépourvu. L'œil des
oiseaux, cet organe si essentiel pour eux, est en-
touré d'une protection particulière : non seulement
ils ont des membranes destinées à couvrir l'œil dans
le sommeil, comme chez les mammifères ; mais ils
ont encore une pellicule spéciale qui sert à net-
toyer l'œil continuellement, et à amortir au besoin
l'éclat des rayons lumineux. Parmi les reptiles,
plusieurs ont des paupières analogues à celles des
oiseaux et semblent doués aussi d'une vue excel-
lente : d'autres n'en ont pas du tout, et c'est de là
que vient la fixité glaciale du regard des serpents.

L'œil s'efface rapidement chez les mollusques, dont un petit nombre seul, offre bien distinctement l'organe de la vue. Les insectes, au contraire, sont admirablement doués sous ce rapport : leurs yeux sont immobiles, mais garnis de facettes qui réfléchissent les objets de tous les côtés ; par une brusque transition, les animaux de l'embranchement des rayonnés, ainsi que beaucoup de mollusques, n'ont plus aucun organe de la vision.

DE L'OUÏE.

Les mammifères ont une oreille composée des mêmes parties que celle de l'homme ; mais la longueur et la disposition de l'espèce du cornet acoustique qu'ils portent à l'extérieur, donne à leur organe une bien plus grande délicatesse. La direction du pavillon de l'oreille, fort remarquable dans quelques espèces, ajoute une preuve à toutes celles qui démontrent l'action bienfaisante de la Providence divine. Ce pavillon est très développé et se dirige aisément en arrière chez les animaux faibles et timides qui sont obligés de fuir devant leurs ennemis ; il est au contraire dirigé en avant quand l'animal, destiné à se nourrir de proie, a besoin d'entendre tous les mouvements qui se font devant lui. La conque auditive n'existe plus dans les autres animaux, même chez les oiseaux, qui cependant ont une ouïe très fine, surtout les oiseaux de proie et les oiseaux de nuit. L'oreille des reptiles ressemble à celle des oiseaux ; celle des poissons est beaucoup plus simple, mais la nature du milieu qu'ils habitent la rend aussi capable de recevoir

9

les plus légères impressions. Les mollusques ont quelquefois un organe spécial d'audition, mais leur ouïe est déjà fort affaiblie. On sait que les insectes reconnaissent certains sons, mais on n'a pu découvrir quelle partie du corps ces sons affectent. Après eux, le sens de l'ouïe paraît effacé.

DES ORGANES DU MOUVEMENT.

DU SQUELETTE.

Dans tous les animaux vertébrés et articulés, le mouvement s'exécute au moyen de muscles qui font agir un squelette intérieur ou extérieur, qui est la charpente ou l'enveloppe du corps. Le squelet teest un point d'appui solide qui donne une grande énergie à l'action des muscles, et permet aux animaux de ces différentes classes de se mouvoir avec facilité et vigueur. Les mouvements deviennent bien moins compliqués et bien plus lents dans les animaux entièrement privés de cette partie solide du corps.

Le squelette proprement dit, qui caractérise les animaux vertébrés, est composé dans l'homme, comme nous l'avons exposé plus haut, de trois parties principales : la tête, le tronc et les membres. On a vu aussi quels sont les os qui appartiennent à chacune de ces trois parties. Le squelette de tous les animaux a quelque rapport avec celui de l'homme, mais il subit cependant des modifications très considérables et dans sa forme et dans sa nature.

La partie la plus importante et aussi la plus

constante est toute la partie centrale, qui comprend le crâne et la colonne vertébrale. Cependant les vertèbres cervicales, mobiles dans l'homme, sont soudées chez les cétacés et un grand nombre de poissons. Les vertèbres dorsales et les vertèbres lombaires sont tellement soudées dans les tortues, qu'unies avec les côtes, elles forment une carapace totalement immobile. Les vertèbres des oiseaux offrent une soudure assez forte pour soutenir les ailes. Chez plusieurs reptiles, au contraire, elles ont une mobilité extraordinaire, pour faciliter les mouvements variés que doivent exécuter ces animaux.

Le nombre des vertèbres est lui-même excessivement variable. Une espèce de grenouille n'a que huit vertèbres, et plusieurs serpents en ont au moins trois cents.

La tête, que nous verrons disparaître dans quelques classes d'animaux, ne manque jamais chez les vertébrés. Elle est toujours composée du crâne, qui renferme le cerveau, et de la face, qui est le siége des organes des sens.

L'homme est remarquable entre tous les êtres par la grandeur de son crâne et la petitesse de sa face. Plus les animaux sont stupides et féroces, plus ces proportions changent. On remarque que les bêtes montrent une avidité et une brutalité extrême, quand leur mâchoire est très développée. Cette observation est facile à vérifier pour les poissons et les reptiles, qui ne paraissent éprouver d'autre besoin, que celui d'assouvir leur appétit glouton.

Malgré la différence des espèces, les principaux os de la tête se retrouvent chez tous les vertébrés, mais quelquefois étrangement modifiés. Le crâne qui, dans les animaux supérieurs, occupe une grande partie de la tête, semble s'effacer chez les poissons; il est tellement petit, tellement peu important chez quelques reptiles, que l'on peut l'enlever sans qu'ils meurent d'une pareille mutilation.

Les côtes manquent chez plusieurs animaux comme les grenouilles, les squales, les requins, etc.; dans la plupart, au contraire, elles sont souvent en bien plus grand nombre que dans l'homme : les serpents en ont beaucoup de paires, de même que plusieurs poissons. Le sternum dans l'homme prête appui aux côtes et revêt la poitrine; il joue chez les oiseaux un rôle plus important encore : il a une crête saillante, s'étend des deux côtés, et forme une espèce de bouclier qui défend les poumons et surtout donne appui aux ailes. Chez plusieurs reptiles il forme une vraie cuirasse extérieure. Le plastron des tortues n'est autre chose que leur sternum. Le sternum chez les crocodiles revêt tout le ventre; il n'existe ni dans les serpents, ni dans la plupart des poissons.

Les membres, qui paraissent si essentiels au mouvement, varient cependant extrêmement parmi les animaux vertébrés, et manquent parfois totalement, sans que la faculté de se mouvoir soit pour cela supprimée ou même diminuée. La Providence n'est pas réduite à une seule ressource pour arriver à ses fins. Jamais on ne trouve plus de deux paires de membres chez les vertébrés; quelquefois il n'y en a qu'une seule.

En général, les membres des animaux, comme

9.

ceux de l'homme, ont quatre parties : l'épaule ou
la hanche, le bras ou la cuisse, l'avant-bras ou la
jambe, la main ou le pied.

Les poissons offrent une exception à cette règle ;
ils n'ont pour membres que des osselets prolongés
en rayons pour former l'éventail des nageoires, qui
s'articulent à la partie antérieure ou à la partie
postérieure du corps. Leurs nageoires impaires ne
sont pas mises au nombre des membres ; on les regarde comme des dépendances de la peau.

Les membres antérieurs de tous les vertébrés
offrent une épaule composée, en général, d'une
omoplate et d'une clavicule. L'omoplate, courbée
sur le dos, maintient le membre d'un côté, tandis que
la clavicule le fait appuyer de l'autre sur le sternum.
C'est à l'aide de la clavicule que les animaux peuvent élever vers leur tête leurs membres antérieurs;
c'est la force de la clavicule de l'homme qui donne
à ses bras tant d'agilité et de vigueur. Mais, chose
très remarquable, cette clavicule n'existe que chez
les animaux qui ont besoin de se servir de leurs
pattes de devant à peu près comme nous nous ser-
vons de nos mains, ou bien chez ceux où elles sont
comme un arc-boutant pour soutenir les ailes. Ainsi,
les singes, les loirs, les écureuils, ont une clavicule très prononcée. Elle manque dans le squelette
des chevaux, qui n'ont besoin de leurs jambes antérieures que pour marcher. Au contraire, la clavicule est double dans les oiseaux qui fatiguent leurs
membres pectoraux par de continuels efforts. Une
ceinture osseuse lie les membres antérieurs des
poissons à leurs vertèbres, et leur donne aussi un
point d'appui solide. Cette disposition les empêche

de varier la direction de leurs nageoires ; mais aussi ils ont une queue qui suffit pour les diriger facilement dans tous les sens ; tandis que les oiseaux, même privés de queue, savent se diriger, grâce à l'extrême mobilité de leurs ailes.

Les membres antérieurs sont modifiés d'une manière très remarquable chez les différents vertébrés, plutôt pour la forme que pour le nombre des os. Dans l'aile de l'oiseau on retrouve toutes les parties qui constituent le bras de l'homme ; seulement la main, disposée de manière à servir d'attache aux plumes, n'a plus cette flexibilité, cette agilité qui la distinguent dans notre organisation.

Les membres postérieurs sont appropriés, dans ces différentes classes, à des usages très divers, qui en varient beaucoup la configuration. Ainsi le tarse, qui chez nous occupe une place si restreinte entre le pied et la jambe, s'allonge chez les oiseaux, de manière à constituer cet os droit et solide, revêtu d'une peau écailleuse, qui leur donne, en général, une démarche si légère et si sautillante. Les doigts eux-mêmes sont souvent confondus en un seul par une corne qui les enveloppe tous, comme on peut le voir dans le cheval. Il arrive aussi que les pieds sont remplacés par des mains chez les mammifères qui doivent passer leur vie à grimper de branche en branche : les singes en sont la preuve.

Malgré les innombrables modifications que subit le squelette dans la série animale, et dont nous n'avons indiqué ici que les plus frappantes, toutes les parties de chaque squelette ont entre elles des relations invariables ; et pour celui qui a étudié les rapports qui existent, par exemple, entre la forme d'un os de la jambe et celle d'un os du crâne, il sera facile de vérifier qu'à la même configuration de l'un de ces os répondra toujours la même configuration de l'autre. Toutes les parties du squelette semblent liées entre elles, et si l'une change, on peut affirmer que toutes ont changé en même temps. Toutes en effet ont été appropriées par le Créateur au genre de vie particulier qu'il a donné à chaque animal : la jambe d'un carnassier ne conviendra pas à l'être qui a eu la mâchoire conformée de manière à ne se nourrir que de substances végétales. Après de longues études, on est parvenu à découvrir les lois qui déterminent la forme de tous les os du squelette ; un seul os étant donné, on sait calculer mathématiquement quelle doit être la forme, la grandeur de tous les autres os, et ainsi rendre à un animal inconnu la place qu'il occupait dans l'échelle animale. D'après ces principes, l'illustre Cuvier a su reformer bien souvent des squelettes entiers d'animaux dont il ne possédait que de faibles fragments ; sur une vertèbre, sur une dent, ou sur une côte, il a bâti pour ainsi dire pièce à pièce, et fait reparaître des êtres depuis longtemps perdus pour nous ; il nous a fait connaître les gigantesques formes de plusieurs races antédiluviennes éteintes aujourd'hui. Ses magnifiques travaux sur les animaux fossiles, ont, du reste, reçu plusieurs fois la plus éclatante confirmation. Il n'a pas craint de comparer avec ses dessins des animaux entiers retrouvés après ses premiers calculs, et toujours les squelettes naturels ont été conformes à ceux qu'il avait construits. Où trouver une plus forte preuve de l'existence d'un plan, de l'intervention d'une volonté toute puissante, d'une sagesse infinie, dans la création, dans l'organisation de l'univers?

DE LA DIGESTION.

Les organes de la digestion, chez tous les vertébrés, ont de grands rapports avec ceux que nous avons décrits en examinant le corps de l'homme; mais ils sont modifiés par les mœurs et les besoins de chaque famille d'animaux. Le canal intestinal est plus long chez les mammifères que chez les oiseaux; les poissons, de tous les vertébrés, sont ceux qui l'ont le plus court; quelquefois il ne consiste chez eux qu'en un tube droit sans aucun détour. Il est réduit à cette grande simplicité dans la plupart des animaux sans vertèbres. Quand on arrive à l'extrémité de la série, on ne trouve plus pour leur appareil digestif qu'une espèce de sac, percé d'une seule ouverture, par laquelle entrent les aliments et sortent leurs résidus.

Dans les animaux vertébrés, l'organe de la digestion offre une grande similitude chez tous les animaux qui ont des mœurs semblables, lors même que leur structure est, du reste, très différente. Tous les animaux qui se nourrissent de chair ont un canal intestinal court, un estomac peu charnu, peu énergique. Le tube intestinal s'allonge beaucoup dans les herbivores; l'estomac acquiert des dimensions assez considérables pour renfermer une grande quantité de substances alimentaires; quelquefois il est doublé, ou même quadruplé : c'est que la nourriture végétale a besoin d'être soumise

à une élaboration plus longue et plus forte pour
être rendue propre à s'incorporer à l'animal. On
reconnaîtra les animaux omnivores à la longueur
moyenne de leurs intestins. L'estomac est d'autant
plus musculeux qu'il doit agir sur des substances
plus résistantes : ainsi, les parois sont extraordinai-
rement épaisses dans les oiseaux granivores, car
elles doivent triturer des grains qui parfois sont
d'une extrême dureté.

La partie solide de l'appareil digestif, c'est-à-
dire les dents et la mâchoire, subissent des modifications encore plus importantes pour le naturaliste, car elles lui fournissent les meilleures bases
de classification.

Ainsi les mâchoires se meuvent de haut en bas,
d'un côté à l'autre, ou d'avant en arrière, suivant
que les animaux doivent déchirer, couper ou broyer
leurs aliments.

Étudions maintenant la conformation des dents,
si bien en rapport avec l'usage que l'animal doit
faire de cette partie essentielle de l'appareil masti-
cateur.

Nous avons vu que l'homme avait trois sortes de
dents, les incisives, les canines ou laniaires et les molaires. Tous les vertébrés n'ont pas le même nombre
de dents ; il y en a qui en ont beaucoup plus, d'autres moins, quelques uns n'en ont aucune. Nous
ne trouverons de dents que chez les mammifères,
les reptiles et les poissons. Il suffit de connaître les
usages variés auxquels les dents sont destinées pour
prévoir qu'elles ne peuvent se ressembler chez
tous les animaux ; si le plus souvent elles servent à
la mastication, quelquefois elles sont des armes

offensives et défensives. Les sangliers ont des dents longues et recourbées qui sortent de leur bouche, et peuvent porter à leurs ennemis des coups mortels. Tout le monde connaît les défenses des éléphants, qui ne sont autre chose que deux énormes dents, d'un poids et d'une force extrêmes. Quand les dents ne sont destinées qu'à la mastication, comme chez la plupart des mammifères, elles servent encore ou à déchirer la nourriture en lambeaux, ou à la couper, ou à la limer et à la ronger, ou enfin à la moudre et à la broyer comme des meules de moulin. Les animaux qui ont besoin de trancher, de limer leur nourriture, ont des incisives plus longues et plus fortes; tels sont les rongeurs. Les ruminants, qui n'ont besoin que d'arracher les herbes des prairies, n'ont pas d'incisives à la mâchoire supérieure, et les canines leur manquent très souvent. Le narval n'a que deux dents, qui lui servent non pas à manger, mais à attaquer ou à se défendre. Les mammifères que l'on appelle édentés, n'ont qu'une seule espèce de dents, les molaires; ces dents, qui servent principalement à la mastication, et paraissent les plus essentielles, ne manquent presque jamais, mais leur forme varie beaucoup. Celles des herbivores, qui doivent triturer les végétaux, sont plates, larges, et garnies de petits tubercules. Les insectivores ont des molaires pointues, pour mettre en pièces le corps solide des petits animaux qu'ils dévorent.

Les dents molaires des carnassiers sont tranchantes, pour déchirer la chair. Enfin quelques cétacés ont des molaires longues, pointues, isolées, qui ne servent qu'à retenir la proie. Il y a des mammifères, comme les fourmiliers, qui n'ont aucune espèce de dents ; les baleines, au lieu de dents, portent de grandes lames cornées, destinées à former dans leur gueule un vaste tamis, où elles retiennent la proie qu'elles ont engloutie. Parmi tous ces animaux, la plus grande partie n'ont pas les trois espèces de dents que nous avons remarquées dans l'homme ; les deux seules classes qui les possèdent constamment sont celle des quadrumanes ou des singes, et celle des carnassiers.

Quant aux reptiles et aux poissons, ils n'ont pas seulement comme nous des dents implantées sur le bord des mâchoires, ils ont souvent des dents sur le palais et sur la langue. Leur gueule quelquefois porte plusieurs rangées de dents formidables, prêtes à déchirer d'un seul coup ce qu'elles peuvent atteindre. Quelques poissons sont privés de dents, les oiseaux n'en ont jamais ; mais leur bec dur, et souvent dentelé, remplit un but analogue. La forme de ce bec varie comme celle des dents, suivant l'usage auquel il est destiné. Les oiseaux carnassiers ont un bec fort et recourbé ; les oiseaux insectivores ont presque tous un bec délié et pointu pour saisir les insectes dans leurs étroites retraites.

Il résulte de ces différentes observations qu'il suffit d'examiner la dent ou le bec d'un animal pour connaitre son genre de vie et ses mœurs ; mais comme d'ailleurs les autres parties de l'organisation répondent toujours aux habitudes de l'animal, le naturaliste, avec une seule dent, pourra non seulement présumer les mœurs de l'animal

auquel cette dent appartient, mais en donner ap-
proximativement et la forme et l'organisation. Une
canine pointue suffit pour révéler l'existence d'un
carnassier, à la taille élancée et robuste, aux pieds
agiles et même aux ongles acérés, à l'ouïe fine, à la
vue perçante.

DE LA RESPIRATION.

L'animal aurait beau se nourrir et renouveler
son sang par la digestion, s'il ne le réparait en
même temps par la respiration, il mourrait infail-
liblement en peu d'instants.

Nous savons que l'organe respiratoire de l'homme,
auquel nous continuons de comparer la structure
des animaux, est essentiellement un tuyau bifurqué, puis ramifié en diverses branches qui se perdent dans deux masses cellulaires appelées poumons; tuyau qui, à la partie supérieure, s'ouvre
au fond de la bouche par un orifice appelé glotte,
muni d'une espèce de couvercle qui empêche les
aliments d'y descendre.

La respiration des mammifères présente la plus
grande analogie avec celle de l'homme. Elle résulte de la dilatation et de la contraction alternative
des poumons, qui tantôt attirent l'air extérieur,
tantôt chassent celui qu'ils ont déjà reçu. Cette
respiration, aidée par l'élasticité naturelle des poumons et l'action du diaphragme et des muscles de
la poitrine, est simple chez les mammifères. Elle ne
s'opère en effet que dans les poumons. Chez les
oiseaux, la respiration est plus compliquée; et
jouit d'une activité bien plus grande; l'air, en

pénétrant dans les bronches, s'en échappe pour pénétrer non seulement dans les poumons, mais aussi dans plusieurs grandes cellules qui se trouvent répandues entre les différents organes des oiseaux, et facilitent leur vol en allégeant leur corps. L'air pénètre par les ouvertures de ces sacs à air jusque dans les muscles et dans les os, qui sont creux et légers pour la plupart. On trouve encore dans les oiseaux deux larynx, dont le second, fixé à l'extrémité de la trachée-artère, et appelé larynx inférieur, est le véritable organe de la voix des oiseaux.

Quoique la respiration soit moins étendue chez les mammifères, elle est cependant complète, c'est-à-dire que tout le sang passe dans les poumons pour y subir l'influence réparatrice de l'air intérieur : ainsi en est-il pour l'homme. Dans les reptiles la respiration devient imparfaite ; les poumons ne sont plus que des sacs allongés, divisés en larges cellules, souvent il n'y a qu'un seul poumon. Les inspirations et les expirations que nous répétons si souvent, se font à de longs intervalles chez les reptiles. Ils peuvent même suspendre pendant plusieurs mois leur respiration, tandis qu'il suffirait à l'homme de la retenir pendant plusieurs minutes pour être presque certain de perdre la vie. Mais dans les reptiles une partie du sang seulement passe par le cœur : il en résulte que lorsque la respiration est arrêtée, une partie du sang n'en visite pas moins toutes les parties du corps.

Si de la classe des reptiles nous passons à celle des poissons, nous découvrons un mode nouveau de respiration, dont la respiration de l'homme ne peut guère nous donner l'idée.

Au lieu de poumons, les poissons ont des branchies, ou des feuillets en forme de peignes, sur lesquels le sang circule pour se mettre en contact avec l'air du dehors. Une cavité particulière fait communiquer la bouche avec ces branchies, qui sont soutenues par plusieurs arceaux suspendus ordinairement à la base du crâne, et fixés sur l'os *hyoïde*, à la partie inférieure. Ces arceaux sont articulés de manière à pouvoir se lever ou se baisser comme sur une charnière. Les filaments des branchies sont attachés à ces arceaux, du côté de la bouche ; chaque arceau en porte deux rangées. Ordinairement le bord extérieur n'est pas fixé : l'eau qui a baigné les branchies sort par une large ouverture, souvent fermée par un grand couvercle ou opercule osseux, qu'une membrane fait jouer avec la plus grande facilité. L'eau coule par cette voie aussitôt qu'après avoir été, pour ainsi dire tamisée, elle a abandonné tout l'air qu'elle contenait. Différents muscles exécutent le mécanisme de cette respiration toute particulière : dès que le poisson avale l'eau par la bouche, ces muscles ouvrent les arceaux, dilatent les branchies, puis ils les ferment, les rapprochent quand la respiration est terminée ; alors l'eau s'échappe par l'ouverture que lui offrent les opercules entr'ouverts.

Parmi les animaux sans vertèbres, la respiration de quelques uns a encore des rapports avec celle des animaux supérieurs ; ainsi les mollusques respirent tantôt par des poumons, tantôt par des branchies, le plus souvent extérieures, et plongeant immédiatement dans l'eau. Si nous arrivons aux animaux articulés, nous trouvons encore une grande

modification dans les organes ; il n'y a plus ordinairement ni poumons ni branchies ; l'animal a le
corps percé en plusieurs endroits de trous appelés
stygmates, par lesquels l'air pénètre dans des canaux
respiratoires ou trachées.

La respiration a une influence évidente sur la
nutrition, et sur le sang en particulier, puisque
c'est elle qui lui donne l'activité, l'efficacité nécessaires. Comme l'activité du sang influe elle-même
d'une manière très remarquable sur l'énergie musculaire, il en résulte que la puissance de respiration, dans chaque classe d'animaux, suffit pour nous
indiquer quelle doit être la coloration et la marche
du sang, et par suite quelle est la force et la vitesse
dont l'animal lui-même est doué. Parmi les vertébrés, la respiration de chaque classe est appropriée
à son genre de vie, et par conséquent peut servir à
nous le faire connaître. L'homme, pris pour type
des mammifères, nous présente une respiration
complète, et respire par deux poumons, où le sang
vient tout entier se renouveler ; dans les oiseaux,
comme nous l'avons vu, il y a une sorte d'activité
surabondante dans la circulation.

Quand nous étudions les reptiles, nous voyons
qu'une partie seulement de leur sang passe par les
poumons, quoique leurs poumons respirent comme
les nôtres ; chez les poissons, le sang passe par les
branchies, mais la respiration s'y opère d'une manière lente et incomplète ; il en résulte que, de
tous les animaux, les oiseaux ont le sang le plus
chaud, les mouvements les plus forts, les plus
légers, les plus rapides, que les mammifères viennent immédiatement après eux, et ensuite les rep-

tiles et les poissons, qui ont un sang froid, c'est-à
dire, d'une température égale à celle du milieu où
ils se trouvent, circonstance qui en dispose un grand
nombre à l'engourdissement.

DE LA CIRCULATION.

Nous avons vu que la circulation du sang consis-
tait, en général, en un double mouvement du sang,
l'un par lequel le sang, renfermé dans les artères,
se rend du cœur à toutes les parties du corps, l'autre, par lequel il revient de ces différentes parties
au cœur, dans les canaux qu'on appelle veines. Dans
les animaux qui ont des poumons où le sang passe
tout entier, il y a une seconde circulation, celle
qui conduit le sang du cœur aux poumons et des
poumons au cœur. Telle est la circulation complète,
ainsi que nous l'avons étudiée dans l'homme, ainsi
qu'on l'observe chez tous les mammifères et tous
les oiseaux. Ces deux classes sont pourvues d'un
double cœur renfermé sous la même enveloppe, et
composé de deux parties semblables, dont chacune
contient une oreillette et un ventricule, dont chacune exécute une circulation spéciale, ou la grande
circulation, ou la circulation pulmonaire. La chaleur du sang de ces animaux tient à ce que, indépendamment de cette circulation complète, ils ont
une respiration complète. Le cœur des reptiles a des
rapports avec celui des mammifères et des oiseaux ;
mais le tronc où se réunissent toutes les veines n'envoie dans les poumons qu'une partie du sang : le
reste rentre sans s'être réparé, dans le système artériel. Le cœur des reptiles, ayant des fonctions moins

10.

actives que celui des animaux supérieurs, est aussi
plus simple ; il n'a qu'un ventricule et qu'une oreillette (deux très rarement) ; il en est de même chez les
poissons. C'est là une admirable précaution de la Providence. La plupart des reptiles ont un genre de nourriture qu'ils ne peuvent trouver que dans la saison
chaude de l'année ; s'ils en avaient besoin également
dans toutes les saisons, ils seraient inévitablement
condamnés à mourir de faim après une courte existence ; mais, grâce au peu d'activité de leur sang, le
refroidissement de la température suspend, pour
ainsi dire, leur existence, et ils ne reviennent à la
vie que lorsque la nature leur fournit les aliments
nécessaires pour la soutenir. Quant aux poissons,
le constant équilibre qui existe entre leur température intérieure et la température extérieure est
un moyen infaillible pour leur ôter la sensation
des refroidissements si fréquents qui s'opèrent
autour d'eux, et qui leur seraient si souvent funestes.

Les modifications de la circulation deviennent
de plus en plus marquées à mesure que l'on suit la
série des êtres. Les mollusques ont ordinairement
plusieurs cœurs isolés, ainsi que certaines espèces
d'animaux articulés ; on peut observer en eux une
circulation assez active et assez régulière. La circulation se fait sans l'action du cœur, dans un grand
nombre de vers ou annelides. Elle ne paraît plus
nécessaire à la vie des insectes, car les organes cir-
culatoires leur manquent totalement ; elle a disparu,
comme plusieurs autres fonctions, chez les zoophytes, dont toute la vie semble consister en une
sensibilité confuse.

CLASSIFICATION.

D'après les rapports que nous venons de signaler entre les organes des animaux et leur manière de vivre, il est évident qu'en les rangeant d'après leur configuration extérieure étudiée avec soin, on a pu les classer dans un ordre *naturel*, c'est-à-dire rapprocher non pas seulement des espèces artificiellement unies par quelque ressemblance extérieure, mais réunir constamment les animaux qui tiennent réellement les uns aux autres par leur organisation et aussi par leurs habitudes et leurs instincts.

Avant de commencer l'étude des mœurs des animaux répartis dans les différentes séries, nous allons faire connaître la manière dont ils ont été classés par le célèbre naturaliste G. Cuvier.

Cuvier partage le règne animal en quatre grands embranchements : 1° les VERTÉBRÉS, 2° les MOLLUSQUES, 5° les ARTICULÉS, 4° les RAYONNÉS ou ZOOPHYTES.

ANIMAUX VERTÉBRÉS.

Ce sont les animaux qui se rapprochent le plus de l'homme par leur organisation. Ils ont tous un corps muni à l'intérieur d'une charpente osseuse appelée *squelette*; jamais ils n'ont plus de quatre membres, leur sang est toujours rouge.

Les vertébrés sont divisés eux-mêmes en quatre classes :

1° Les MAMMIFÈRES à sang chaud, produisant leurs petits vivants, et les nourrissant avec du lait qui se forme dans leurs mamelles ; 2° les OISEAUX munis de plumes et d'ailes, à sang chaud, produisant des œufs d'où sortent leurs petits ; 5° les REPTILES également ovipares, animaux à sang froid, quoique respirant comme les précédents par des poumons, à peau nue ou revêtue d'écailles ; 4° les POISSONS ovipares, à sang froid, pourvus de nageoires et respirant par des branchies.

PREMIÈRE CLASSE.

MAMMIFÈRES.

Les mammifères, outre l'ordre particulier des BIMANES, qui ne comprend qu'une seule espèce, l'HOMME, renferme un grand nombre d'animaux répartis en huit ordres : les QUADRUMANES, les CARNASSIERS, les MARSUPIAUX, les RONGEURS, les ÉDENTÉS, les PACHYDERMES, les RUMINANTS, les CÉTACÉS.

Les QUADRUMANES sont des mammifères pourvus d'ongles séparés (onguiculés), et caractérisés par leurs quatre mains ; ils ont les trois sortes de dents ; leurs yeux sont dirigés en avant ; leurs mamelles sont placées sur la poitrine ; leurs quatre membres servent ordinairement à la marche ; ils se tiennent difficilement debout ; ils ont ordinairement une queue, quelquefois *prenante*, c'est-à-dire susceptible de se rouler autour des corps et de les saisir avec force; ils sont en général très agiles, et doués d'un instinct très développé qui les porte, en général, à l'imitation. L'ordre des quadrumanes est partagé en deux grandes familles : celle des singes et celle des makis.

L'ordre des CARNASSIERS se compose de tous les mammifères onguiculés qui possèdent les trois sortes de dents, et qui n'ont point de pouce opposable aux extrémités antérieures ; ils n'ont jamais de poches ventrales où puissent se réfugier leurs petits. Tous les carnassiers se nourrissent de matières animales; leurs intestins sont peu volumineux comparativement à ceux des animaux herbivores ; ils se divisent en trois familles :

1° Les Cheiroptères, parmi lesquels se trouvent les chauves-souris, caractérisées par les membranes qui garnissent les intervalles de leurs doigts, joignent même leurs membres entre eux, et leur donnent la faculté de voltiger dans l'air.

2° Les Insectivores, qui se reconnaissent à leurs molaires hérissées de pointes coniques, animaux à mœurs paisibles, qui généralement passent l'hiver engourdis, tels que les hérissons.

3° Les Carnivores, ainsi nommés parce que leur appétit pour la chair est plus développé que dans les deux familles précédentes. Ils ont généralement à chaque mâchoire deux grosses et longues canines entre lesquelles sont rangées six incisives ; leurs molaires ne sont jamais hérissées de pointes coniques comme celles des insectivores. D'après la considération de leurs dents et de leurs extrémités postérieures, les carnivores sont encore distribués en trois tribus : les plantigrades, les digitigrades et les amphibies. A ces divisions appartiennent les ours, les lions, les chiens, les phoques ou veaux marins, etc.

Le nom des MARSUPIAUX rappelle la poche contractile qu'ils portent, en général, suspendue à la partie inférieure de l'abdomen, poche semblable à une gibecière, ouverte et fermée à la volonté de l'animal par des muscles particuliers; parmi eux se trouvent les sarigues, les kangouroos.

Les RONGEURS sont des animaux onguiculés dont chaque mâchoire, privée de canines, porte généralement deux longues incisives, séparées des molaires par un espace vide. Ces animaux rongeurs liment pour ainsi dire leurs aliments, en faisant mouvoir la mâchoire d'avant en arrière et d'arrière en avant. Leurs incisives croissent de la racine à mesure qu'elles s'usent du tranchant, et avec une telle promptitude, que si l'une d'elles vient à se briser, la dent correspondante n'étant plus usée par aucun frottement, se développe jusqu'à ce qu'elle atteigne la mâchoire supérieure.

Les rongeurs ont, en général, le train de derrière plus fort que celui de devant; aussi semblent-ils sauter plutôt que marcher. Leurs intestins sont très longs; quelques-uns s'endorment pendant l'hiver. Les principaux genres des rongeurs, sont les rats, les écureuils, les lièvres, les lapins.

Les ÉDENTÉS sont des mammifères onguiculés qui manquent presque tous de dents incisives; leurs doigts sont terminés par de gros ongles semblables à des sabots. Ils sont remarquables par leur excessive lenteur. La plupart se creusent des terriers dont ils ne sortent guère que la nuit. Les principaux, parmi les édentés, sont les paresseux et les tatous.

Les PACHYDERMES ont la peau très épaisse, garnie de poils ordinairement assez rares; ils manquent de clavicules; l'extrémité de leurs doigts, toujours enveloppée de sabots, ne peut servir à saisir leur nourriture; ils se nourrissent tous de matières végétales. Ils se divisent en trois familles.

1° Les Pachydermes proboscidiens sont caractérisés par une trompe à peu près cylindrique, allongée, dans laquelle se prolongent les fosses nasales. Cet organe exerce des mouvements très variés; il est terminé par un prolongement charnu en forme de doigt, à l'aide duquel les proboscidiens saisissent les matières végétales qu'ils portent ensuite à leur bouche. A l'aide de leur trompe, ils aspirent l'eau qu'ils se versent ensuite dans le gosier. Ces pachydermes manquent d'incisives à la mâchoire inférieure; la mâchoire supérieure porte deux dents qui font saillie hors de la bouche, et sont nommées défenses. Leur squelette offre cinq doigts bien distincts, mais cachés dans la peau calleuse qui recouvre le pied. Telle est la famille à laquelle appartiennent les éléphants.

2° Les Pachydermes ordinaires ont tous quatre, trois ou deux doigts; on compte parmi les genres qui composent cette famille, ceux des cochons et des rhinocéros.

3° La famille des Pachydermes solipèdes, qui ne comprend que le seul genre cheval, a plusieurs caractères très faciles à reconnaître.

Le squelette du pied est formé par un seul os revêtu à son extrémité d'un sabot épais. Les molaires sont séparées par un espace vide; chaque

mâchoire porte six incisives et douze molaires à
couronne carrée; les mâles ont, à la mâchoire supérieure, deux petites canines, qui se trouvent
aussi quelquefois à la mâchoire inférieure, mais
qui manquent toujours chez les femelles. Leurs
membres sont sveltes et vigoureux, leur course est
soutenue et rapide.

Les mammifères de l'ordre des RUMINANTS se
nourrissent de matières végétales. Ils ont en général huit incisives à la mâchoire inférieure; celles
de la mâchoire supérieure manquent dans le plus
grand nombre. La plupart n'ont pas de canines;
les molaires sont presque toujours au nombre de
douze à chaque mâchoire. L'estomac est quadrilô-
bé, ou partagé en quatre cavités; cette disposition
permet à ces animaux de ramener les aliments ava-
lés dans leur bouche, et de les mâcher de nouveau,
c'est-à-dire de *ruminer*. Comme chez les solipèdes,
le pied est formé d'un seul os terminé par deux
doigts qu'enveloppent de forts sabots semblables à
un sabot unique, mais bifurqué. La présence ou
l'absence des cornes, sur la tête des ruminants,
a fait partager l'ordre en deux tribus.

Les chameaux, qui n'ont point de cornes, sont
dans la première tribu.

Les bœufs, les cerfs, les moutons, font partie de
la seconde tribu.

Les CÉTACÉS n'ont pas d'extrémités postérieures
visibles au dehors; leur corps est terminé par une
nageoire horizontale; leurs extrémités antérieures
sont façonnées en rames; quoiqu'ils vivent dans
les eaux, ils y allaitent leurs petits; ces petits, qui
n'ont pas de lèvres mobiles, ne peuvent teter

comme les autres animaux, mais ils se suspendent à leur mère par leurs mâchoires, et les muscles antérieurs de la poitrine compriment alors les mamelles, qui lancent dans leur gueule le lait destiné à les nourrir.

Les habitudes marines, la vie aquatique des cétacés, les avaient fait regarder longtemps comme des poissons, mais la respiration qui s'opère à l'aide des poumons, et surtout la présence des mamelles, fixent leur place parmi les mammifères.

La plupart des cétacés sont caractérisés par la présence des évents, ou orifice extérieur des cavités nasales. Ces cavités servent à donner passage au liquide que l'animal est forcé d'avaler avec sa proie. Le palais porte une échancrure spéciale par laquelle l'eau engloutie sort de la bouche ; cette eau, lancée avec bruit et violence, s'élève quelquefois au-dessus de la tête du cétacé à plusieurs pieds de hauteur.

Quelques cétacés ont les mâchoires armées de dents comme les dauphins.

Les baleines au contraire ont les mâchoires simplement garnies de lames cornées et noirâtres, serrées les unes contre les autres. Ces lames, que l'on appelle aussi *fanons*, laissent écouler l'eau qui remplit la cavité de la bouche, tout en retenant les substances animales dont les cétacés se nourrissent. La baleine franche offre l'exemple le plus remarquable de cette disposition toute particulière de la mâchoire.

DEUXIÈME CLASSE.

OISEAUX.

Des caractères empruntés à la conformation du bec et des pattes ont servi à diviser les oiseaux en six ordres. 1° Les OISEAUX DE PROIE OU RAPACES ; 2° les PASSEREAUX ; 5° les GRIMPEURS ; 4° les GALLINACÉS ; 5° les ÉCHASSIERS ; 6° les PALMIPÈDES.

Les OISEAUX DE PROIE offrent, dans leurs habitudes, de grands rapports avec les mammifères carnassiers. Leur bec est fortement recourbé vers la pointe, quelquefois même dès la base ; leurs ongles crochus ont fait donner à leurs pieds le nom général de *serres*. La base du bec est revêtue d'une partie nue appelée cire, où sont percées les narines; ils ont tous quatre doigts, trois dirigés en avant et un en arrière ; ordinairement deux des doigts antérieurs sont réunis par une courte membrane. Ils aiment ordinairement à se nourrir d'une proie qu'ils ont prise vivante; quelques espèces, cependant, semblent préférer les cadavres.

Cet ordre comprend deux grandes familles : celle des oiseaux de proie *diurnes*, qui ont les yeux sur le côté, le plumage serré et le vol puissant ; parmi eux sont les aigles, les faucons.

Les oiseaux de proie *nocturnes* diffèrent des diurnes par la grosseur de leur tête, la brièveté de leur cou, la direction de leurs yeux tournés tous deux en avant; la pupille de ces yeux jouit d'une propriété remarquable : exposée à une vive lumière, elle se contracte et prend une forme ovale comme

celle des chats et des renards. L'extrême sensibilité
de leurs yeux empêche ces oiseaux de se montrer
au grand jour; c'est le soir qu'ils sortent et qu'ils
vont chercher leur proie.

Leur vol est faible; mais leurs plumes molles et
peu serrées ne font entendre dans l'air qu'un frô-
lement léger, comme pour ne pas éveiller les animaux endormis qu'ils veulent surprendre. Les oiseaux de proie nocturnes les mieux connus sont les
hibous, les chouettes, les chats-huants, etc.

L'ordre des PASSEREAUX est assez difficile à ca-
ractériser. Il contient une multitude d'espèces chez
lesquelles on observe que le doigt extérieur et le
doigt du milieu sont compris dans le même repli
de la peau, et semblent ne former qu'un seul doigt
fendu en deux. Un grand nombre de passereaux
vivent en société; ils se nourrissent ordinairement
de graines et de fruits; ceux qui ont le bec effilé
font la chasse aux insectes. La considération des
pieds de ces oiseaux les a fait diviser en deux
grandes sections où la forme du bec sert à déterminer les familles et les genres.

Dans la section première, le doigt externe est
réuni à celui du milieu par une ou deux phalanges;
cette section comprend la famille des *dentirostres*,
caractérisée par un bec échancré vers la pointe;
celle des *fissirostres*, dont le bec est court, large,
plat, sans échancrure, et fendu très profondément,
de manière à engloutir aisément les insectes qui
voltigent dans l'air; la famille des *conirostres* ou
passereaux à bec fort, conique, sans échancrure;
enfin celle des *tenuirostres*, qui ont le bec grêle et
sans échancrure, tantôt arqué, tantôt droit.

On trouve , dans ces différentes familles , les pies-grièches , les hirondelles , les moineaux , les pies , les geais , les colibris , les oiseaux - mouches , etc.

La seconde section des passereaux se compose de tous les oiseaux dont le doigt externe est réuni au doigt du milieu dans toute sa longueur. Les plus connus sont les martins-pêcheurs ou alcyons.

Le troisième ordre des oiseaux est celui des GRIMPEURS , nom qui conviendrait également à tous les passereaux qui ont l'habitude de grimper, et qui pourtant est réservé aux oiseaux dont le doigt extérieur se dirige en arrière ainsi que le pouce ; cette conformation particulière leur est fort utile pour conserver sans fatigue la position verticale. L'ordre des grimpeurs comprend deux sections distinguées naturellement par la forme toute différente de leur bec. Les premiers sont les grimpeurs à *bec grêle*, comme le pivert , qui ont une langue très-allongée capable de se projeter au loin en avant, et dont la queue, composée de pennes raides et dures, sert d'arc-boutant à l'oiseau, quand il grimpe sur le tronc des arbres.

Les grimpeurs de la seconde section ont le bec crochu et renflé dès la base, ainsi que celui des perroquets ; leur langue est charnue , courte, épaisse, et articule aisément les paroles. Ils grimpent aux branches des arbres en se servant du bec presque autant que des pieds.

Les GALLINACÉS ont la mandibule supérieure du bec convexe vers le milieu ; leurs narines sont recouvertes en partie par une pièce charnue ; leurs doigts sont dentelés sur les bords et tous réunis à

la base par une courte membrane ; ils sont essentiellement granivores ; leur aspect est lourd en général ; leurs ailes sont courtes ; ordinairement la
femelle s'occupe seule de l'éducation des petits,
qui courent presque tous en sortant de l'œuf.

Les principaux genres des gallinacés sont les pi-
geons qui les rattachent aux passereaux, les paons,
les dindons, les coqs, les faisans, etc.

Les ÉCHASSIERS sont encore plus aisés à reconnaître que les gallinacés ; ils ont une queue très
courte, et des jambes très hautes et privées de plumes ordinairement jusqu'au milieu du tibia ; ainsi
ils peuvent traverser les eaux sans se mouiller les
plumes, et y séjourner longtemps pour y chercher
des poissons ou des insectes. Presque tous les échassiers sont des oiseaux aquatiques. Quelques uns
ont des ailes puissantes, et exécutent un vol élevé
et soutenu, en allongeant en arrière leurs jambes
que les autres oiseaux replient ordinairement sous
le ventre. D'autres échassiers au contraire ont les
ailes si courtes qu'il leur est impossible de s'élever
dans les airs.

Les échassiers sont divisés en cinq familles :

1° Les *brévipennes*, caractérisés par la brièveté
de leurs ailes, réduites à l'état rudimentaire, et
parmi lesquels se trouvent les autruches, qui courent si légèrement sur les sables de l'Afrique ;
2° les *pressirostres*, qui ont les ailes plus longues que
les premiers, le pouce très court ou nul et le bec
d'une médiocre longueur, comme les pluviers et
les vanneaux ; 5° les *cultrirostres*, qui ont le bec
gros, long, fort, tranchant parfois sur les bords,
et le cou très allongé ; tels sont les hérons, les

11.

cigognes ; 4° les *longirostres*, remarquables par leur bec grêle et allongé, ainsi que celui des bécasses ; 5° enfin les *macrodactyles*, distingués par des doigts d'une grande longueur, soient qu'ils offrent une bordure, soient qu'ils n'en aient pas : les principaux sont les râles et les foulques.

Il n'est pas d'oiseaux plus faciles à reconnaître que les oiseaux du sixième ordre, ou les PALMIPÈDES. Ils ont les pieds rejetés à l'arrière du corps et terminés par des doigts que joignent des membranes. Leur plumage serré et épais semble couvert d'une espèce de vernis, qui empêche l'eau sur laquelle ils se tiennent sans cesse de pénétrer jusqu'à la peau ; cette peau, du reste, est encore garnie d'un duvet fin et doux qui la garantit du froid. Dans les palmipèdes seuls le cou est plus long que les pieds ; cette disposition leur était nécessaire pour qu'en nageant ils pussent chercher leur nourriture au sein des eaux et même dans la vase, où elle est, en général, très abondante. Leur palais est rude et garni d'aiguillons pour retenir les animaux qu'ils avalent ; le bec lui-même est souvent dentelé fortement sur les bords.

Cet ordre est divisé en quatre familles : les plongeurs ou brachyptères, les grands voiliers ou longipennes, les totipalmes et les lamellirostres.

1° Les *brachyptères* ont les ailes tellement courtes que dans plusieurs espèces elles ne peuvent pas même servir au vol ; les pattes sont placées encore plus en arrière que dans les autres palmipèdes ; aussi les plongeurs sont-ils obligés quand ils sont à terre de se dresser verticalement.

2° Les *longipennes* ont au contraire des ailes

excessivement longues qui leur permettent d'entreprendre des voyages de longue durée. On les rencontre souvent à une distance énorme des côtes, planant au-dessus des mers. Telles sont les mouettes et les hirondelles de mer.

5° Le caractère spécial des *totipalmes* est la large membrane qui enveloppe à la fois les doigts et le pouce qui se dirige un peu en avant; disposition qui ne les empêche pas cependant de se percher souvent sur les branches des arbres. Ils volent aussi bien que les longipennes : les principaux sont les pélicans et les cormorans.

4° La dernière famille des palmipèdes, celle des *lamellirostres*, est remarquable par un bec large, revêtu d'une peau molle et garnie de lames sur ses bords; les ailes sont courtes; le pouce n'est pas palmé comme dans la famille précédente.

Parmi les lamellirostres nous trouverons les canards et les oies.

TROISIÈME CLASSE.

REPTILES.

La classe des reptiles se divise en quatre ordres : 1° les CHÉLONIENS, 2° les SAURIENS, 3° les OPHIDIENS, 4° les BATRACIENS.

Les CHÉLONIENS sont caractérisés par le double bouclier qui enferme leur corps de toutes parts, de manière à ne laisser passer que la tête, les membres et la queue. La partie supérieure du bouclier que l'on nomme carapace, est formée, ainsi que nous l'avons dit plus haut, par huit paires de côtes, élargies, réunies entre elles, et soudées à la colonne vertébrale. Toutes les parties sont immobiles. Le bouclier inférieur ou plastron remplace le sternum. Cette enveloppe est recouverte elle-même par la peau et par des plaques de différentes natures.

Les chéloniens n'ont pas de dents ; leurs mâchoires, comme celles des oiseaux, sont cornées et tranchantes ; les lèvres n'existent que dans un seul genre. Ils s'avancent sur la terre avec une extrême lenteur, mais ils nagent souvent avec une assez grande agilité. Ils se nourrissent de matières animales et végétales, mais peuvent rester très longtemps sans manger. C'est parmi les chéloniens que se trouvent les tortues de terre, les tortues d'eau douce et les tortues de mer.

Les SAURIENS sont des reptiles à corps allongé, recouvert d'une peau écailleuse ou semblable à du chagrin ; ordinairement ils sont portés sur des jambes extrêmement basses, au nombre de quatre : les mâchoires sont armées de dents ; les côtes ne sont pas immobiles comme celles des chéloniens, et les doigts sont, en général, pourvus d'ongles.

On les divise en six familles parmi lesquelles nous trouverons des mœurs souvent fort différentes. Les principales sont celles des *crocodiliens*, des *lacertiens* et des *iguaniens*.

Les *crocodiliens* ont la tête plate, la queue comprimée ; les extrémités sont munies de cinq doigts joints par une membrane ; les mâchoires sont armées de dents fortes et pointues ; le dos et la queue sont revêtus de larges écailles, la mâchoire inférieure se prolonge en arrière de la tête, aussi la gueule offre-t-elle une effrayante ouverture.

Les narines sont garnies de valves qui se ferment quand l'animal est dans l'eau, et lui permettent ainsi de plonger beaucoup plus facilement et beaucoup plus longtemps. Ces animaux sont très carnassiers; le plus célèbre d'entre eux est le crocodile.

Les *lacertiens* ont cinq doigts libres, inégaux et pourvus d'ongles, à tous les membres; la langue est extensible et fourchue à l'extrémité; ils ressemblent tous, plus ou moins, au lézard ordinaire, qui est le type de la famille.

Les *iguaniens* diffèrent de la famille précédente par leur langue épaisse, charnue et non extensible, ils ont du reste la forme extérieure des lézards : l'iguane proprement dit est un grand lézard des forêts de l'Amérique.

Les OPHIDIENS ont ordinairement un corps très allongé, couvert d'écailles et privé de membres. Ils s'avancent à terre au moyen d'ondulations successives; qui ne s'exécutent facilement que sur un sol inégal et raboteux. Les yeux manquent souvent de paupières. La gueule fendue dans l'état ordinaire, est encore susceptible de se dilater d'une manière prodigieuse par la disposition spéciale des os maxillaires. Leur voix n'est guère qu'un sifflement aigu. Ils changent de peau tous les ans.

Cette classe contient trois familles : les *anguis*, les *vrais serpents* et les *serpents nus*.

Les anguis se distinguent par des écailles imbriquées qui recouvrent tout le corps; l'œil est muni de trois paupières; les os de l'épaule et quelques os du bassin existent encore assez ordinairement. Le plus commun des anguis est l'orvet, l'un des reptiles le plus inoffensifs.

La seconde famille des ophidiens, celle des vrais serpents, est beaucoup plus nombreuse que les deux autres; elle comprend les genres qui n'ont plus ni épaule ni sternum, mais dont les côtes embrassent la circonférence du corps tout entière. On sait que parmi eux se trouvent les boas, les serpents à sonnettes, les couleuvres.

Les BATRACIENS, ou reptiles du quatrième ordre, ont tous la peau nue. Jeunes encore, ils respirent par des branchies, qui disparaissent bientôt pour laisser agir les poumons; ils habitent tous des endroits humides et se nourrissent de matières végétales et plus souvent animales.

Selon qu'ils ont une queue ou n'en ont pas, les batraciens sont partagés en deux familles, celle des batraciens *urodèles* et celle des *anoures*.

Les batraciens anoures ont quatre membres, leur tête est aplatie, et leur gueule très fendue. Les extrémités antérieures ont quatre doigts, et les postérieures ordinairement cinq. Les côtes sont à peine visibles; tels sont les grenouilles communes et les crapauds.

Parmi les batraciens urodèles se trouve la salamandre, dont la forme extérieure est celle du lézard, quoique sa peau soit bien différente : ses habitudes lentes l'en éloignent encore davantage.

QUATRIÈME CLASSE.

POISSONS.

La consistance plus ou moins grande du squelette des poissons les a fait diviser en deux grandes

séries : les poissons OSSEUX et les poissons CARTI-
LAGINEUX.

POISSONS OSSEUX.

Cette série, caractérisée par un squelette de consistance osseuse, renferme quatre ordres : 1° les
ACANTHOPTÉRIGIENS ; 2° les MALACOPTÉRIGIENS ;
3° les LOPHOBRANCHES ; 4° les PLECTOGNATHES.

Les ACANTHOPTÉRYGIENS se reconnaissent à leur
nageoire dorsale, dont les premiers rayons sont épineux ; lorsqu'ils ont deux dorsales, les rayons
épineux soutiennent seuls la première nageoire ;
quelquefois des épines entièrement libres remplacent la nageoire dorsale ; chaque nageoire ventrale
offre, en général, un rayon osseux ; quelques
rayons de la nageoire anale sont également analogues à des épines.

On a divisé l'ordre des acanthoptérygiens en seize
familles dont les principaux genres sont ceux des
perches, des maquereaux, des thons, des poissons
volants, etc.

L'ordre des MALACOPTÉRYGIENS renferme les
poissons osseux dont tous les rayons sont mous et
articulés, à l'exception du premier rayon de la nageoire dorsale et des nageoires pectorales. Ils sont
répartis en trois grandes divisions, subdivisées
elles-mêmes en familles.

1re DIVISION. — Les malacoptérygiens ABDOMI-
NAUX sont caractérisés par leurs nageoires ventrales, situées sous l'abdomen. On trouve parmi
eux les carpes, les brochets, les saumons, etc.

2e DIVISION. — Les poissons de cette division ont

les nageoires ventrales insérées sous les nageoires pectorales, et suspendues immédiatement aux os de l'épaule. Ils comprennent les morues, les merlans, les soles, etc.

5e DIVISION. — Les malacoptérygiens APODES sont caractérisés par l'absence de nageoires ventrales : telles sont les anguilles, type de la famille des *anguiliformes*.

L'ordre des LOPHOBRANCHES est caractérisé par des branchies disposées en houppes rondes, le long des arcs osseux qui s'étendent sous l'opercule.

Les PLECTOGNATES ont l'arcade du palais soudée entièrement au crâne. Leurs opercules et leurs rayons sont cachés sous une peau épaisse ; leurs côtes sont à l'état rudimentaire : les vraies nageoires ventrales leur manquent.

POISSONS CARTILAGINEUX.

Ces poissons ont un squelette réellement cartilagineux ; leur crâne n'est formé que d'une seule pièce. Ils sont partagés en deux ordres : 1° les cartilagineux A BRANCHIES LIBRES ; 2° les cartilagineux A BRANCHIES FIXES.

Les poissons du premier ordre ont les branchies libres par le bord extérieur, et s'ouvrant dans une cavité, comme, par exemple, chez les esturgeons.

Les cartilagineux du second ordre sont remarquables par la disposition particulière de leurs branchies ; elles sont adhérentes à la peau par le bord externe, et l'air s'en échappe par autant de trous qu'il y a d'intervalles entre elles. La forme de leur bouche les a fait classer dans deux grandes divisions.

1ʳᵉ DIVISION. — Les sélaciens, pourvus de mâchoires mobiles, comprennent les squales et les raies.

2ᶜ DIVISION. — Les cyclostomes ou suceurs ont les deux mâchoires soudées en un anneau cartilagineux immobile. Telles sont les lamproies.

ANIMAUX MOLLUSQUES.

Ces animaux manquent de squelette, et leur corps est extrêmement mou ; leur sang est blanc ou bleuâtre ; ils ont tous un système complet de circulation. Leur peau, molle et visqueuse, est ordinairement revêtue d'un *manteau*, enveloppe musculaire très contractile.

La coquille qui couvre un grand nombre de mollusques est sécrétée par le manteau. Ces coquilles, d'après le nombre de leurs pièces ou valves, sont appelées *univalves*, *bivalves*, *multivalves*. La tête des mollusques n'est pas toujours distincte ; la respiration a lieu tantôt par des poumons, tantôt par des branchies.

Les mollusques sont répartis en six classes : 1º les CÉPHALOPODES ; 2º les PTÉROPODES ; 5" les GASTÉROPODES ; 4º les ACÉPHALES ; 5º les BRACHIOPODES ; 6º les CIRRHOPODES.

PREMIÈRE CLASSE.

LES CÉPHALOPODES.

Ils ont le corps enveloppé dans un sac membraneux, qui est ouvert à la partie antérieure, et laisse passer une tête de forme arrondie, couronnée par des appendices qui servent à la préhension et à la locomotion.

On les a divisés en deux familles : 1° les céphalopodes dibranchiaux ; 2° les céphalopodes tetrabranchiaux.

Les dibranchiaux, qui n'ont qu'une seule paire de branchies, n'offrent presque jamais de coquille extérieure : parmi eux se trouvent les poulpes, les sèches, les argonautes.

Les tetrabranchiaux ont deux paires de branchies ; leur corps est enfermé dans une coquille contournée en spirale, et divisée par des cloisons en plusieurs cavités : tel est le célèbre nautile.

DEUXIÈME CLASSE

LES PTÉROPODES.

Tous leurs organes du mouvement consistent en de simples nageoires, situées des deux côtés du corps. Ils comprennent un très petit nombre d'espèces.

TROISIÈME CLASSE.

LES GASTÉROPODES.

Ils ont pour organe du mouvement un pied abdominal ; leur dos est revêtu d'un manteau ; leur tête est munie de tentacules, au nombre de six au plus. Ils sont quelquefois entièrement nus, quelquefois ils ont une coquille cachée dans le manteau ; enfin la plupart sont logés dans une coquille extérieure, ordinairement univalve.

On les divise en plusieurs ordres, dont les principaux sont les PULMONÉS, les PECTINIBRANCHES, les CYCLOBRANCHES.

Les PULMONÉS, remarquables par le réseau pulmonaire qui sert à leur respiration, vivent à terre, quelquefois dans l'eau, où ils sont obligés de venir respirer à la surface. On les a répartis en deux familles : 1° les *pulmonés terrestres* ; 2° les *pulmonés aquatiques.*

Les *pulmonés terrestres* ont, en général, quatre tentacules rétractiles ; tantôt ils ont une coquille, comme les limaçons ou hélices, tantôt ils n'en ont pas, comme les limaces.

Les *pulmonés aquatiques* n'ont que deux tentacules. Nous trouvons parmi eux les planorbes, les limnées, etc....

L'ordre des PECTINIBRANCHES renferme presque toutes les coquilles univalves en spirale. Leurs branchies, en forme de peignes, sont attachées au fond d'une cavité particulière, qui s'ouvre entre les bords du manteau et le corps. Ils ont tous deux tentacules ; leur bouche est en forme de trompe.

Ils comprennent plusieurs familles, parmi lesquelles nous trouverons les toupies, les sabots, les cônes, les porcelaines, et une foule d'autres coquilles remarquables par leur grandeur et leur éclat.

Dans l'ordre des CYCLOBRANCHES, les branchies sont situées en cordon sous les bords du manteau ; le principal genre est celui des patelles.

QUATRIÈME CLASSE.

LES ACÉPHALES.

Ces mollusques n'ont pas de tête apparente ; leur bouche, dépourvue de dents, est cachée dans le fond du manteau, entre ses replis. Ce manteau est ordinairement plié en deux, et renferme le corps comme une couverture renferme un livre. La plupart des acéphales ont une coquille bivalve, quelquefois multivalve ; les parties de cette coquille sont réunies par un ligament élastique, qui les ouvre quand l'animal ne fait pas effort pour les tenir fermées. La partie inférieure se prolonge ordinairement en une masse inférieure appelée *pied*, à la base de laquelle se trouve souvent un paquet de fils appelé *byssus*. La classe des acéphales est divisée en deux ordres : 1° les ACÉPHALES TESTACÉS ; 2° les ACÉPHALES SANS COQUILLES.

Les TESTACÉS, ou acéphales à coquilles, sont tous munis de quatre feuillets servant d'organes respiratoires. Ils forment cinq familles : les *ostracés*, les *mytilacés*, les *camacés*, les *cardiacés*, et les *enfermés*.

Les *ostracés* sont caractérisés par leur manteau ouvert ; ils n'ont pas de pied en général. C'est parmi eux que l'on trouve les huîtres.

Les *mytilacés* ont le manteau ouvert en devant ; mais ils ont tous un pied distinct, garni de byssus. Telles sont les moules.

Le manteau est fermé et percé de trois ouvertures chez les *camacés*, qui comprennent les mollusques du genre tridacne ou *bénitier*.

Les *cardiacés* se reconnaissent à leur manteau ouvert par devant, et prolongé à la partie postérieure en deux tubes.

Enfin les *enfermés*, ouverts ordinairement au milieu. Leur coquille est entrebâillée à l'extrémité ; ils aiment à se pratiquer des retraites dans les corps très durs, comme le bois et la pierre ; ainsi en est-il des pholades et des tarets.

La coquille, chez les acéphales du second ordre, est remplacée par une substance cartilagineuse.

CINQUIÈME CLASSE.

LES BRACHIOPODES.

Ils se distinguent des autres mollusques par l'existence de deux bras charnus ; tous sont pourvus de coquilles bivalves.

12.

SIXIÈME CLASSE.

LES CIRRHOPODES.

Ce sont des animaux de forme conique, enve-
loppés d'un manteau terminé supérieurement par
des filets nommés cirrhes. Ils ont des coquilles ordinairement multivalves ; c'est parmi eux que l'on
trouve les anatifes et les balanes.

ANIMAUX ARTICULÉS.

Ces animaux se reconnaissent à leur corps composé de plusieurs anneaux plus ou moins distincts,
qui enveloppent les organes et forment une espèce
de squelette extérieur.

Les pattes, articulées, sont au nombre de trois
ou quatre paires ; quelquefois elles sont en bien
plus grand nombre, ou manquent entièrement. Le
premier article se nomme *la hanche*, le second
la cuisse, le troisième *la jambe*, le quatrième ou
pied s'appelle *le tarse*, et est composé ordinairement de plusieurs pièces ; le plus souvent ils
ont la tête surmontée d'appendices appelés antennes. Leurs mâchoires se meuvent du dehors
en dedans ; la plupart ont le sang blanc ; leur
respiration s'effectue tantôt par des branchies,
tantôt par des trachées. Ils sont tous ovipares.

Ils constituent quatre classes : les INSECTES, les
ARACHNIDES, les CRUSTACÉS, les ANNÉLIDES.

PREMIÈRE CLASSE.

INSECTES.

Ce sont des animaux articulés subissant, en général, plusieurs métamorphoses avant d'arriver à l'état parfait. On distingue trois régions dans leur corps, régions séparées par des étranglements plus ou moins marqués : la tête, le corselet et l'abdomen.

Leur tête porte des antennes, des yeux ; une bouche diversement conformée dans les différentes familles. Les pattes sont toujours au nombre de six dans les espèces munies d'ailes. Les ailes existent chez la plupart au nombre de quatre ou de deux ; quelquefois la paire supérieure est remplacée par des étuis appelés *élytres*.

Ils ont été divisés en douze ordres, dont les principaux sont ceux des COLÉOPTÈRES, des ORTHOPTÈRES, des HÉMIPTÈRES, des NEVROPTÈRES, des HYMENOPTÈRES, des LÉPIDOPTÈRES, des DIPTÈRES, des MYRIAPODES. (Ceux-ci sont placés dans une autre classe par plusieurs naturalistes.)

Les COLÉOPTÈRES se reconnaissent à leurs étuis ou élytres solides et crustacés. Leur tête porte des antennes dont les formes variées ont servi à les répartir en différentes familles. Les élytres qui les caractérisent recouvrent ordinairement des ailes membraneuses pliées en travers ; quelquefois elles servent seulement à protéger l'abdomen. Le nombre des articles qui compose les tarses les a fait classer dans quatre grandes sections :

Les *pentamères*, à cinq articles à tous les tarses,

parmi lesquels on trouve les carabes, les hanne-
tons, les cerfs-volants, les rhinocéros.

Les *hétéromères*, qui ont cinq articles aux quatre
premiers tarses et quatre articles seulement aux
tarses de derrière; ils renferment les insectes si
connus que l'on nomme cantharides.

Les *tétramères*, qui ont quatre articles à tous
les tarses, comme les capricornes.

Enfin les *trimères*, qui n'ont que trois articles,
et dont les plus communs sont les bêtes à Dieu ou
coccinelles.

Les ORTHOPTÈRES ont les élytres moins solides
que ceux des coléoptères : leurs ailes inférieures
pliées en longueur sont le plus souvent disposées
en éventail. Leurs métamorphoses sont moins com-
plètes que celles des coléoptères. D'après la forme
de leurs pattes, on les divise en deux familles, les
orthoptères *coureurs* et orthoptères *sauteurs*.

Parmi les *coureurs*, dont les pieds sont exclusivement disposés pour la course, on trouve les for-
ficules ou perce-oreilles.

Les *sauteurs* ont les cuisses très développées et
capables de les aider à exécuter des sauts considérables, comme les sauterelles et les grillons.

L'ordre des HÉMIPTÈRES comprend les insectes
dont la bouche est armée d'un bec articulé et
cylindrique, et dont les élytres sont ordinairement solides jusqu'à la moitié de leur longueur
ceux en qui se trouve cette disposition, sont appelés *hétéroptères*, les autres *homoptères*.

Parmi les premiers, se trouvent les punaises de
bois ou pentatomes, parmi les seconds, les puce-
rons, les cochenilles.

Les NÉVROPTÈRES ont des ailes membraneuses,
le plus souvent nues, transparentes et garnies
d'un réseau très fin ; la plupart ont le corps allongé
et les antennes souvent très longues ; leur abdomen est ordinairement mince et grêle. On trouve
au nombre des névroptères, ces légers insectes
appelés libellules ou demoiselles, les fourmilions,
les éphémères.

Les HYMÉNOPTÈRES ont quatre ailes membraneuses nues, simplement variées dans la longueur ;
ils sont partagés en deux sections : les *térébrants*
et les *porte-aiguillons*.

Les *térébrants* sont caractérisés par la présence
d'une tarière dans les femelles, apparente dans
les ichneumons, par exemple.

Les hyménoptères *porte-aiguillons* n'ont pas
de tarières, mais, en général, ils sont armés d'un
aiguillon retractile fort aigu. Telles sont les guêpes,
les bourdons, les abeilles.

On appelle LÉPIDOPTÈRES les insectes dont les
ailes sont couvertes de petites écailles colorées, qui
s'effacent au toucher. Leur bouche ne consiste
qu'en une langue roulée en spirale qui pompe le
suc des fleurs ; ce sont les insectes que nous appe-
lons papillons. On sait qu'ils viennent de larves
appelées chenilles.

On les distingue en lépidoptères *diurnes*, *cré-
pusculaires* ou *nocturnes*, d'après la forme variée
de leurs antennes, la position de leurs ailes dans
le repos et leurs habitudes.

Les DIPTÈRES se distinguent de tous les autres
insectes, en ce qu'il n'ont que deux ailes qui sont
toujours membraneuses et propres au vol ; ils

comprennent les mouches, les cousins, les taons.

Les MYRIAPODES se reconnaissent au premier coup d'œil à la multitude de pattes qui garnissent les deux côtés de leur corps allongé ; on les appelle souvent mille-pattes.

DEUXIÈME CLASSE.

ARACHNIDES.

Les arachnides sont des animaux articulés, dépourvus d'ailes et d'antennes, munis de quatre paires de pattes, et dont la tête est confondue avec le corselet ; les plus connus de tous les arachnides sont les araignées ordinaires, les scorpions et les faucheurs.

TROISIÈME CLASSE.

CRUSTACÉS.

On appelle ainsi tous les articulés qui respirent non par des trachées, mais par des branchies situées à la base des pieds ou sur les pieds, ou enfin sur les appendices inférieurs de l'abdomen. Ils ont le corps revêtu, en général, d'un tégument fort dur ; leurs pattes sont au nombre de dix ou de quatorze.

On les a distribués en plusieurs ordres dont les principaux sont :

L'ordre des DÉCAPODES, caractérisés par les

branchies enfermées dans des cavités spéciales des deux côtés de la poitrine, et par leurs pattes presque toujours au nombre de dix; leur corps est couvert, dans presque toutes les espèces, d'une pièce calcaire très solide; telles sont les écrevisses, les crabes.

Et l'ordre des ISOPODES, munis de sept paires de pattes propres à la marche; parmi eux se trouvent les cloportes.

QUATRIÈME CLASSE.

ANNÉLIDES.

Ce sont des animaux articulés, privés de membres et qui ont toujours le sang rouge.

Les annélides les plus connus sont les sangsues et les lombrics ou vers de terre.

ANIMAUX RAYONNÉS

OU ZOOPHYTES.

Leur organisation est plus simple que celle de tous les animaux compris dans les différentes classes que nous avons parcourues; les organes sont, en général, disposés comme des rayons autour d'un centre. Souvent ils n'ont pas même de forme déterminée.

Les naturalistes distinguent les ZOOPHYTES VER-
MIFORMES, qui ont encore la forme symétrique des
animaux supérieurs;

Les RAYONNÉS PROPREMENT DITS, qui offrent le
plus souvent une disposition rayonnante;

Les SPONGIAIRES, qui ne sont plus que des masses
revêtues d'une sorte de gélatine.

FIN.

GRÂCES
CHRÉTIENNES.

A CONFIRMATION

PAR

Mme DE Ste-MARGUERITE.

ANGLOIS ET LECLERCQ,
RUE DE LA HARPE, 81.

NOUVEAU SPECTACLE
DE LA NATURE

Dix Volumes grand in-18

ORNÉS DE 300 VIGNETTES GRAVÉES PAR PORRET

TITRES DES OUVRAGES

L'HOMME	1 vol.
PHYSIQUE DU GLOBE	1 vol.
ASTRONOMIE	1 vol.
GÉOLOGIE	1 vol.
MAMMIFÈRES	1 vol.
INSECTES	1 vol.
OISEAUX	1 vol.
BOTANIQUE	1 vol.
MOLLUSQUES	1 vol.
REPTILES ET POISSONS	1 vol.

Chaque volume se vend séparément.

DE L'IMPRIMERIE DE CHAPELET, RUE DE VAUGIRARD, 9.

www.ingramcontent.com/pod-product-compliance
Lightning Source LLC
Chambersburg PA
CBHW072120090426
42739CB00012B/3024